BRANDENBURG
auf dem Wasser

FEIX • TOPP • ZAGOLLA • ZIMMERMANN

BRANDENBURG auf dem Wasser

Die schönsten Ausflüge mit Dampfer, Kanu, Hausboot & Co

edition q im
be.bra verlag

Mehr Informationen im Internet

Stand der Informationen: Februar 2015

Bibliografische Information der Deutschen Nationalbibliothek
Die Deutsche Nationalbibliothek verzeichnet diese Publikation in der Deutschen Nationalbibliografie; detaillierte bibliografische Daten sind im Internet über http://dnb.d-nb.de abrufbar.

KulturBrauerei Haus 2
Schönhauser Allee 37, 10435 Berlin
post@bebraverlag.de
Texte: Ingrid Feix, Berlin; Marijke Topp, Berlin; Robert Zagolla, Berlin; Matthias Zimmermann, Potsdam
Redaktion: Susanne Zehl, Falkensee
Umschlag: hawemannundmosch, Berlin
Satzbild: Friedrich, Berlin
Schrift: Minion Pro 9/11 pt
Druck und Bindung: Finidr, Český Těšín
ISBN 978-3-86124-687-9

www.bebraverlag.de

Inhalt

Fährmann hol über: Fähren und Kähne

Auf Tom Sawyers Spuren: Flöße und Hausboote

Für Eilige: Touren mit dem führerscheinfreien Motorboot

Fun, fun, fun: Wakeboarding & Wasserski

Für Feiern & Feste: Charterschiffe

Anhang

Musikfloß von Treibholz, Lychen

Motorboot der Alten Reederei, Fürstenberg

Brandenburg ahoi!

Brandenburg ist ein Paradies für alle, die gerne Zeit am oder auf dem Wasser verbringen. Das »Land der 3.000 Seen und 33.000 Kilometer Flussläufe« lockt sogar Freizeitkapitäne und Wasserwanderer von weither an. Aber auch für Einheimische bieten sich viele Möglichkeiten: Unzählige Anbieter veranstalten Ausflugsfahrten oder vermieten führerscheinfreie Motorboote, Flöße, Kanus, Ruder- und Tretboote, mit denen man auf große oder kleine Entdeckungstour gehen kann. Während für die einen der sportliche Aspekt im Vordergrund steht, suchen andere eher die Stille und Weite der Natur. Und wieder andere möchten auf dem Wasserweg Land, Leute und Kultur kennenlernen. Mit Sicherheit findet in Brandenburg jeder etwas nach seinem Geschmack.

Aber – und hier kommt dieses Buch ins Spiel – oft ist es gar nicht so einfach herauszufinden, wo und wann genau das angeboten wird, was am besten zu den eigenen Interessen passt. Mit »Brandenburg auf dem Wasser« geben wir einen thematischen Überblick über die vielfältigen Möglichkeiten, die Brandenburgs Gewässer bieten. Vollständigkeit war angesichts des riesigen Angebots weder zu erreichen noch überhaupt erstrebenswert. Daraus, dass jedes Kapitel Kontaktdaten und Serviceinformationen zu ein bis zwei regionalen Anbietern enthält – seien es Reedereien, Bootsvermietungen oder Tourenveranstalter –, sollte man daher keinesfalls schließen, dass das Angebot anderer Unternehmen schlechter wäre. In touristisch reizvollen Gegenden gibt es oftmals eine ganze Reihe von Bootsverleihern in direkter Nachbarschaft, und natürlich kann man die hier vorgeschlagenen Touren dann hier wie dort starten. Manchmal kommt man um eine gewisse Flexibilität auch gar nicht herum – zum Beispiel, wenn an einem schönen Sommerwochenende die freien Boote oder Flöße Mangelware sind …

Im Fokus des Buches stehen Ideen für Tagesausflüge, wenngleich viele Aktivitäten auch mit einer oder mehreren Übernachtungen zu einem längeren Abenteuer erweitert werden können. Es wurden zudem nur solche Aktivitäten aufgenommen, die sich ohne große Vorkenntnisse oder Vorbedingungen ausüben lassen: Zum Tretbootfahren oder Paddeln braucht man zum Beispiel kaum mehr als gesunde Arme und Beine; führerscheinfreie Flöße, Haus- und Motorboote können von jedermann und jederfrau nach kurzer Einweisung gesteuert werden; und bei Wasserski oder Wakeboarding sind auch die ersten Stehversuche schon ein großer Spaß. Außen vor bleiben dagegen alle Aktivitäten, für die ein Segel- oder Motorbootführerschein erforderlich wäre. Um einige der vorgestellten Hausboote fahren zu dürfen, muss allerdings ein sogenannter Charterschein erworben werden – was mit einem Zeitaufwand von etwa drei Stunden zu Buche schlägt.

Einige der in den folgenden Kapiteln vorgestellten Ziele sind bereits allseits bekannt und beliebt – dementsprechend in der von April bis Oktober dauernden Hochsaison auch stark frequentiert –, aber es gibt auch schöne und reizvolle Ideen jenseits der ausgetretenen Touristenpfade zu entdecken: Wie wäre es zum

Tretboot ahoi!

Beispiel mit einer Stadtbesichtigung mit dem Kanu in Brandenburg an der Havel? Mit einer Bibertour auf dem Hohennauener See? Oder mit einer Fahrt auf »Onkel Albert« über die malerischen Uckerseen? Auch die vielen Fähren des Landes sind oft zu Unrecht nur den Bewohnern der näheren Umgebung bekannt. Obwohl die Fahrt auf ihnen nur wenige Minuten dauert, sind sie doch lohnende Ausflugsziele – und sei es als Teil einer ausgedehnten Fahrradtour. Es ist immer ein kleines Abenteuer, zu neuen Ufern aufzubrechen!

Damit das Abenteuer nicht in einem Unglück endet, ist es sinnvoll, sich vorab über die geschriebenen und ungeschriebenen Regeln der Schifffahrt zu informieren. Angesichts eines boomenden Wassertourismus häufen sich die Klagen über Freizeitkapitäne, die unvorsichtig, mit überhöhter Geschwindigkeit oder unter Alkoholeinfluss auf den Seen und Flüssen unterwegs sind und dadurch sich und andere in Gefahr bringen. Auch wenn motorisierte Gefährte mit weniger als 15 PS auf den meisten brandenburgischen Gewässern führerscheinfrei gefahren werden dürfen, sollte man nicht nur der Einführung des Bootsverleihers gebührende Aufmerksamkeit schenken, sondern sich auch über die Bedeutung der gängigen Verkehrszeichen, Ausweichregeln und sonstigen Richtlinien informieren. Ein Zusammenstoß hat auf dem Wasser wie im Straßenverkehr meist unschöne Folgen.

Sicherheitsequipment wie Schwimmwesten oder Rettungsringe werden in der Regel von allen Bootsvermietern passend zur Art des gemieteten Gefährts zur Verfügung gestellt. Auch Kartenmaterial gibt es meist leihweise dazu, wobei es sich – insbesondere bei Kanutouren – oft um schematisierte Übersichtskarten

Hausboot aus der Märchenflotte

oder Routenskizzen handelt. Wer auf eigene Faust unterwegs ist und sichergehen will, dass er sich nicht verfährt, sollte sich daher besser vorab eine detaillierte Wasserwanderkarte besorgen.

Viele nützliche Hinweise (und Broschüren zum Download) gibt es übrigens auf dem offiziellen Touristikportal www.reiseland-brandenburg.de. Dort finden sich auch Links zu den aktuellen Öffnungszeiten der brandenburgischen Schleusen, zu Wassersportinformationen und Pegelständen. Eine gute Inspirationsquelle und Informationsbörse speziell für Kanuten ist zudem die Seite www.flussinfo.net.

Zum Schluss sei noch auf eines hingewiesen: Alle Informationen in diesem Buch wurden sorgfältig recherchiert und vor der Drucklegung noch einmal aktualisiert und überprüft. Da sich aber Angebote, Preise und Öffnungszeiten oft ganz kurzfristig ändern, kann hier keine Gewähr für die Richtigkeit der Angaben gegeben werden. Damit Sie keine bösen Überraschungen erleben, informieren Sie sich also bitte vor Ihrem Ausflug auf jeden Fall noch einmal telefonisch oder im Internet über den aktuellen Stand der Dinge. Wenn das Angebot vor Ort nicht mehr dem entsprechen sollte, was hier beschrieben wird, sind Autoren und Verlag für Hinweise dankbar, die dann für spätere Auflagen berücksichtigt werden können.

Mit dem Dampfschiff Gustav durch Potsdam

Eine Seefahrt, die ist lustig: Dampfer- und Ausflugsfahrten

Brandenburg an der Havel

Brandenburg an der Havel, die »Stadt im Fluss«, ist wie kaum eine andere dafür geeignet, vom Wasser aus erkundet zu werden – oder von hier aus einen maritimen Ausflug ins Havelland zu starten. Am bequemsten ist es, sich auf einem Ausflugsschiff durch die alte Dom- und Hansestadt fahren zu lassen. Der Ausgangspunkt dafür sind die direkt an der Jahrtausendbrücke gelegenen Anlegestellen der Reedereien Nordstern (am Salzhofufer) und Röding (gegenüber am Heinrich-Heine-Ufer). Die Schiffe beider Reedereien legen regelmäßig zu einer zweistündigen Altstadttour ab, bei der man die auf einer Insel gelegene historische Neustadt und die Dominsel umrundet.

Brandenburg an der Havel ist mit über 400 Baudenkmälern eines der beeindruckendsten mittelalterlichen Stadtensembles im Land. Vom Wasser aus hat man einen herrlichen Blick auf viele historische Häuser, den 850 Jahre alten Dom Peter und Paul und die mächtigen Tore der alten Stadtmauer; zwischendurch prägen allerdings immer wieder auch einige moderne Gebäude die Ansicht. Bei einem anschließenden »Landgang« sollte man unbedingt dem Altstädtischen Rathaus mit der berühmten Roland-Figur und dem Archäologischen Landesmuseum im Paulikloster (Neustädtische Heidestraße 28, Dienstag bis Sonntag 10–17 Uhr) einen Besuch abstatten. Auch der Dom lohnt einen Besuch (geöffnet Montag bis Samstag von 10–17 Uhr, Sonntag ab 11.30 Uhr).

Sehr schön ist auch ein Spaziergang im Uferpark am Neustädtischen Wassertor. Überall in der Stadt finden sich Orte, die an Vicco von Bülow – alias Loriot – erinnern; der große Humorist wuchs in Brandenburg an der Havel auf. Gegenüber vom Rathaus steht zum Beispiel eine Bank, auf der man ne-

Sowjetisches Ehrenmal vor der Sportbootschleuse

MS Sirius unter der Jahrtausendbrücke

ben einem lebensgroßen Knollennasen-Männchen Loriotscher Prägung Platz nehmen kann.

Auch die Umgebung der Stadt ist reizvoll: Im Norden erstreckt sich der rund 20 Kilometer lange Beetzsee, havelabwärts schließt sich die westliche Havel-Seenplatte an. Alle Gewässer sind miteinander verbunden. Die Reederei Röding bietet wahlweise einen Kurztrip auf dem Beetzsee, eine zweieinhalbstündige Seenrundfahrt oder eine dreistündige Oberhavelfahrt an, die Nordstern Reederei hat eine eineinhalbstündige Mühlenrundfahrt oder ebenfalls eine zweieinhalbstündige Seenrundfahrt im Angebot. Von Mai bis September verkehrt an jedem vorletzten Wochenende im Monat der historische Dampfschlepper Nordstern (Baujahr 1902).

Nordstern Reederei
Neuendorfer Straße 70, 14770 Brandenburg an der Havel, Tel.: 03381 / 22 69 60 oder 0172 / 311 78 68
www.nordstern-reederei.de
Fahrten von Apr–Okt
Preise: ab ca. 9 € p. P. | Ermäßigung für Kinder, Senioren (Mo & Fr) und Schwerbehinderte

Reederei Röding
Luckenberger Straße 15, 14770 Brandenburg an der Havel, Tel.: 03381 / 52 23 31 oder 0173 / 865 61 46
www.fgs-havelfee.de
Fahrten von Apr–Okt
Preise: ab ca. 8 € p. P | Ermäßigung für Kinder, Senioren (Di & Do) und Schwerbehinderte

Von Ketzin aus durchs Havelland 2

Von Ketzin aus, zwischen Brandenburg an der Havel und Potsdam gelegen, starten die Ausflugsschiffe der kleinen Reederei Wilfried Herzog zu verschiedenen Touren in die Umgebung. Während der Saison von April bis September wird an (fast) jedem Sonntagnachmittag die Große Acht-Seen-Rundfahrt angeboten, im Juli und August zusätzlich vormittags die kürzere »Rundfahrt um Ketzin«. Die kleine Tour dauert zwei Stunden und führt – vorbei an den idyllischen Ketziner Havelinseln – auf den nahe gelegenen Trebelsee und dann, am Ausgangspunkt vorbei, nach Paretz, der Sommerresidenz von Königin Luise und ihrem Gatten Friedrich Wilhelm III. Auf der Acht-Seen-Rundfahrt gelangt man in vier Stunden bis auf den Großen Wannsee nach Berlin; unterwegs sind die Highlights Schloss Babelsberg, das Marmorpalais, die Pfaueninsel und die Glienicker Brücke. Zu ausgewählten Terminen gibt es auch Fahrten nach Brandenburg, Spandau und sogar in die Berliner Innenstadt. Während des Baumblütenfestes in Werder wird ein Pendelverkehr zum Ort des weinseligen Geschehens angeboten.

Unter den drei Schiffen der Reederei – MS Harmonie, MS Bellevue und MS Hoffnung – ist die »Hoffnung« mit nur 60 Plätzen das kleinste und zugleich älteste. Das 1914 in Magdeburg gebaute Schiff wurde nach dem Zweiten Weltkrieg von der Familie Herzog gekauft und instand gesetzt. Seither transportiert es nicht nur »ganz gewöhnliche« Ausflügler über die Havelseen, sondern hatte auch schon prominente Passagiere, etwa den ehemaligen brandenburgischen Ministerpräsidenten Manfred Stolpe, Alt-Bundespräsident Richard von Weizsäcker und eine Delegation von Außenministern der G8-Staaten.

Schloss Paretz

Fähranleger in Ketzin

Ketzin selbst ist ein altes Fischerdorf mit vielen erhaltenen Häusern aus dem 19. Jahrhundert, einer klassizistischen Kirche und einem kleinen Heimatmuseum (Rathausstraße 18, wochentags geöffnet 10–15/17 Uhr, von Mai bis September auch am Wochenende 13.30–16.30 Uhr). Jährliches Highlight ist das Ketziner Fischerfest im Spätsommer. In der näheren Umgebung lohnt sich ein Abstecher nach Paretz mit seinem um 1800 nach Plänen von David Gilly errichteten Schloss und nach Marquardt mit dem fast gleichzeitig entstandenen Herrenhaus und einem von Peter Joseph Lenné gestalteten Landschaftspark, in dem sich wunderbar spazieren gehen lässt. Schloss Marquardt ist leider nicht zu besichtigen, sondern wird nur für Veranstaltungen oder auch Dreharbeiten vermietet.

Reederei Herzog
An der Havel 18, 14669 Ketzin, Tel: 033233 / 827 98 oder 0171 / 424 16 15
www.reederei-herzog.de
Fahrten von Apr–Sep, Mi, Do, Sa & So zu wechselnden Abfahrtzeiten
Preise: ab 10 € | Ermäßigungen für Kinder

Schloss & Schlossgarten Paretz
Parkring 1, 14669 Ketzin OT Paretz, Tel. 033233 / 736 11
www.spsg.de
Öffnungszeiten: in der Saison Di–So 10–18 Uhr
Eintritt: 6 € | erm. 5 €

Neuruppin und die Ruppiner Seen

Die Fontanestadt Neuruppin liegt nicht umsonst im »Neuruppiner Seenland«. Tatsächlich ist der Anleger an der städtischen Seepromenade Ausgangspunkt für zahlreiche reizvolle Ausflugsfahrten. Mehrmals täglich werden zum Beispiel Rundfahrten auf dem Ruppiner See angeboten, der mit seinen 14 Kilometern nicht nur der längste, sondern auch einer der schönsten Seen Brandenburgs ist. Die einstündige Rundtour führt vorbei an der klassizistischen Altstadt, der mittelalterlichen Klosterkirche St. Trinitatis mit ihren mächtigen, erst um 1900 errichteten Türmen, der historischen Stadtmauer und der 17 Meter hohen Parzivalskulptur, die der Künstler Matthias Zágon Hohl-Stein im Jahr 1998 an der Uferpromenade errichtet hat.

Etwa doppelt so lange dauert die »Schleusenfahrt«, die mitten durch den von Gärten geprägten Ortsteil Alt Ruppin und über das Flüsschen Rhin bis zum Molchowsee führt. An der Alt Ruppiner Schleuse überwindet das Schiff dabei zwei Meter Höhenunterschied. Wer länger unterwegs sein möchte und Lust auf eine kulinarische Entdeckung hat, der kann täglich um 11 Uhr mit dem Schiff zur historischen Boltenmühle und dem gleichnamigen Gasthaus aufbrechen. Die Tour beginnt wie die Schleusenfahrt, geht dann allerdings hinter dem Molchowsee weiter auf dem Rhin bis zum Teetzensee und – nach Unterquerung zweier sehr niedriger Brücken – auf den Zermützel- und den Tornowsee, an dessen nördlichem Ende die Boltenmühle liegt. Die einfache Fahrt dauert zwei Stunden, in Boltenmühle hat man eineinhalb Stunden Zeit für ein ausgedehntes Mittagessen, bevor es wieder zurück nach Neuruppin geht.

Eine Spezialität in Neuruppin ist die zweistündige »Fahrt ins Blaue«, die mehrmals in der Woche angeboten wird: Hier entscheidet der Kapitän nach

Hafen von Neuruppin

MS Gustav Kühn

Lust und Laune, wo die Reise hingeht. Zur Erkundung lädt auch die Stadt selbst ein: Im Geburtsort von Theodor Fontane und Karl Friedrich Schinkel lohnt sich ein Spaziergang entlang der Seepromenade und durch die Altstadt. Von der Anlegestelle, die sich direkt neben dem Hotel Resort Mark Brandenburg befindet, ist es nicht weit bis zum Geburtshaus Fontanes, der Löwen-Apotheke, oder zum Stadtmuseum, wo man eine große Sammlung der legendären »Neuruppiner Bilderbogen« bestaunen kann, einer Frühform der illustrierten Zeitung aus dem 19. Jahrhundert. Entspannung dagegen verspricht die Wellness- und Badewelt in der zum Resort Mark Brandenburg gehörenden Fontane-Therme.

Fahrgastschifffahrt Neuruppin
Karl-Marx-Straße 1, 16816 Neuruppin, Tel.: 03391 / 454 60
www.schifffahrt-neuruppin.de
Fahrten von Apr–Okt mehrmals täglich
Preise: ab 8 € | erm. 5 € | Ermäßigungen für Schüler, Studenten, Familien und Schwerbeschädigte

FONTANE THERME NEURUPPIN
An der Seepromenade 21, 16816 Neuruppin
Tel.: 03391 / 403 24 00
www.fontane-therme.de
Öffnungszeiten: täglich von 10–22 Uhr

Potsdamer Schlössertour

Schon die alten Preußenkönige hatten ein besonderes Faible für die reizvolle Wasserlandschaft rund um Potsdam. Daher kann man viele der berühmten preußischen Schlösser und Parkanlagen auch vom Schiff aus »besichtigen«. Die »Schlössertour« der Potsdamer Weißen Flotte führt in gut 90 Minuten vorbei an Schloss und Park Babelsberg, an der Sacrower Heilandskirche, der Pfaueninsel sowie am Neuen Garten mit dem Marmorpalais und dem Schloss Cecilienhof.

Schloss Babelsberg (am rechten Ufer) wurde Mitte des 19. Jahrhunderts im Stil der englischen Gotik erbaut und war über fünf Jahrzehnte hinweg der Sommersitz des späteren Kaisers Wilhelm I. Etwa um die gleiche Zeit, aber im Stil der italienischen Renaissance, entstand die Sacrower Heilandskirche; die Entwürfe soll König Friedrich Wilhelm IV. selbst angefertigt haben, die Bauausführung lag in den Händen des Architekten Ludwig Persius.

Das Schlösschen auf der nur 98 Hektar großen Pfaueninsel entstand Mitte der 1790er-Jahre und diente der königlichen Familie als Sommerresidenz. Gut zu sehen war es vom Marmorpalais aus, das – in rotem Backstein und mit dem charakteristischen runden Dachaufbau – erst wenige Jahre zuvor errichtet worden war; Bauherr Friedrich Wilhelm II. unternahm von hier aus gern ausgedehnte Bootstouren bis hinauf nach Berlin.

In einer ganz anderen Epoche wurde das um 1915 für Kronprinzessin Cecilie, die Schwiegertochter des letzten deutschen Kaisers, errichtete Schloss Cecilienhof bekannt: Hier handelten 1945 die Staatslenker der USA, Englands und der Sowjetunion das »Potsdamer Abkommen« aus – die Grundlage für die Neuordnung Europas nach dem Zweiten Weltkrieg. An den darauf folgenden Kalten Krieg erinnert die Glienicker Brücke, die sowohl auf dem Hin- als auch auf dem

MS Sanssouci vor Schloss Babelsberg

Vor der Sacrower Heilandskirche

Rückweg unterfahren wird. In der Mitte der Brücke verlief die deutsch-deutsche Grenze – berühmter Schauplatz internationaler Agenten-Austausche.

Zu bestimmten Zeiten, meist am Wochenende, kann man die Potsdamer Schlössertour auch mit dem historischen Dampfschiff »Gustav« machen. Dabei bekommt man optisch und akustisch einen Eindruck davon, wie noch zu Kaisers Zeiten die allermeisten motorisierten Schiffe betrieben wurden. Das rhythmische Stampfen der Kolben hat etwas ganz Besonderes, und statt Dieselgeruch liegt der Duft der Kohlen in der Luft, mit denen der Maschinist den Dampfkessel befeuert.

In Potsdam gibt es vor oder nach der Fahrt zahlreiche weitere Attraktionen, die von der Anlegestelle an der Langen Brücke schnell zu erreichen sind: Wer von Kultur noch nicht genug hat, kann zum Beispiel das Potsdam-Museum direkt hinter dem Landtagsschloss besuchen (Am Alten Markt 9, Dienstag, Mittwoch & Freitag 10–17 Uhr, Donnerstag 10–19 Uhr, am Wochenende 10–18 Uhr). Weiter nördlich, hinter der Peter-Pauls-Kirche, lockt das Holländische Viertel mit zahlreichen Cafés, Galerien und Antiquitätengeschäften.

Weiße Flotte Potsdam
Lange Brücke 6, 14467 Potsdam
Tel.: 0331/275 92-10, -20, -30
www.schiffahrt-in-potsdam.de
Fahrten von Apr–Okt, die Anlegestelle befindet sich direkt am Hotel Mercure
Preise: ab 14 € p. P. | Familienticket (2 Erwachsene & bis zu 5 Kinder) 35 €

Zwischen Potsdam und Werder 5

Von Potsdam aus kann man mit den Schiffen der Weißen Flotte das umliegende Havelland erkunden. Mehrmals am Tag führt die drei- bis vierstündige »Havelseenrundfahrt« über die idyllisch gelegenen Orte Caputh, Petzow, Ferch und Geltow nach Werder und dann wieder zurück nach Potsdam. Da man die Möglichkeit hat, unterwegs aus- und auf dem nächsten Schiff wieder einzusteigen, lässt sich die Fahrt auch mit ausgedehnten Landgängen verbinden. Zuvor sollte man sich natürlich über die aktuellen Abfahrtzeiten informieren.

Los geht es an der Anlegestelle an der Potsdamer Langen Brücke. Eine gute halbe Stunde dauert von hier aus die Fahrt über den Templiner See nach Caputh, wo es mit dem kurfürstlichen Lustschloss aus dem 17. Jahrhundert, der von Friedrich August Stüler entworfenen Stadtkirche und einer Ausstellung über Albert Einsteins Sommerhaus gleich drei interessante Sehenswürdigkeiten gibt. Das Schloss ist von Mai bis Oktober jeweils dienstags bis sonntags von 10–18 Uhr zu besichtigen, ansonsten nur am Wochenende (www.spsg.de), die Einstein-Ausstellung im Bürgerhaus (Straße der Einheit 3) ist in der Saison dienstags bis sonntags von 11–17 Uhr geöffnet, die Kirche in der Regel täglich von 9–18 Uhr. Eine kulinarische Empfehlung ist das Restaurant Kavalierhaus direkt an der Anlegestelle.

Nächste Station der Rundfahrt ist das Dorf Petzow am Westufer des Schwielowsees. Vom Anleger sind es nur etwa 300 Meter bis zum (leerstehenden) Schloss Petzow und dem dazugehörigen, von Peter Joseph Lenné gestalteten Park. Folgt man dem Weg ins Ortsinnere, gelangt man zu einer beeindruckenden Schinkel-Kirche (geöffnet von März bis Oktober samstags und sonntags von 11–18 Uhr). Für Hungrige empfiehlt sich hier das Restaurant Alte Schmiede

MS Königswald in Potsdam

Blütenstadt Werder an der Havel

(Fercher Straße 162) – oder ein paar hundert Meter weiter das Restaurant Orangerie im Frucht-Erlebnis-Garten (mit Hofladen und Kräutergarten, Fercher Straße 60).

Von Petzow aus geht es weiter in die »Blütenstadt« Werder, deren idyllisch auf einer Insel gelegene Altstadt unbedingt einen längeren Aufenthalt wert ist. Rund um das Alte Rathaus findet man zahlreiche historische Bürger- und Fischerhäuser sowie das Obstbaumuseum (Kirchstraße 6–7). – Mit dem Schiff Bismarckhöhe der Reederei Bernd Kuhl kann man übrigens auch von Werder aus in umgekehrter Richtung die Havelseen erkunden; der Ausstieg unterwegs ist hier allerdings nicht möglich.

Weiße Flotte Potsdam
Lange Brücke 6, 14467 Potsdam, Tel.: 0331 / 275 92-10, -20, -30
www.schiffahrt-in-potsdam.de
Fahrten von Apr–Okt, die Anlegestelle befindet sich direkt am Hotel Mercure
Preise: Rundfahrt 16 € p. P. | Teilstrecken ab 7 € (einfache Fahrt). Kombiticket Potsdam–Caputh–Potsdam (inkl. Schlosseintritt) 15 €

Reederei Bernd Kuhl
Am Mühlenberg, 14542 Werder (Havel), Tel.: 0179 / 127 61 63
www.schifffahrt-ab-werder.de
Fahrten von Apr–Okt dienstags bis sonntags
Preise: Inselrundfahrt ab 12 € p.P. | Ermäßigungen für Kinder und Rentner

Mit dem Wassertaxi durch Potsdam 6

»Mit dem Schiff unterwegs durch die Stadt«, das ist keine Metapher für eine schaukelnde Bustour, sondern das überaus reale Versprechen des Potsdamer Wassertaxis. Dass die Stadt eigentlich auf einer Insel liegt und von Wasser umgeben ist, kommt dieser Idee zweifellos entgegen – und macht den besonderen Reiz einer Entdeckung Potsdams vom und über das Wasser aus. Und genau das verbindet das Wassertaxi auf charmante Art und Weise: An insgesamt 13 Stationen hält das gelbe Gefährt wie ein Linienbus – vom Forsthaus und Strandbad Templin bis zum Volkspark Glienicke – und verbindet damit zahlreiche Orte links und rechts der Havel miteinander. Die Taxifahrt übers Wasser bietet nicht nur außergewöhnliche Stadtansichten, sie spart mitunter auch kilometerlange Umwege.

Im Jahr 2007 lief der von der Weißen Flotte Potsdam betriebene Flusschauffeurdienst auf dem städtischen Havelabschnitt mit dem »Wassertaxi 1« vom Stapel, 2008 kam das »Wassertaxi 2« hinzu. Jedes der beiden Schiffe kann 60 Passagiere und 20 Fahrräder transportieren. Von April bis Oktober wird die Strecke bis zu sieben Mal täglich in beide Richtungen befahren. Dadurch bietet sich das Wassertaxi für verschiedenste Touren an, von der einfachen Flussquerung bis zur kompletten Linienfahrt ist alles möglich.

Etliche der Anlegestellen liegen in der Nähe von berühmten Sehenswürdigkeiten, Parks oder Kulturstätten. Die Sacrower Heilandskirche und die Glienicker Brücke werden ebenso angefahren wie das Schloss Cecilienhof, der Park Babelsberg, der Kulturstandort Schiffbauergasse, die Potsdamer Innenstadt, Potsdam West sowie die Halbinsel Hermannswerder. Auch die im Süden der Stadt malerisch gelegenen Orte wie Caputh oder Ferch sind von der

Wassertaxi vor der Pfaueninsel

Haltestelle am Hauptbahnhof

Station Templin aus vor allem mit dem Fahrrad gut zu erreichen. Eine Tour von Einsteins Sommerhaus in Caputh über Schloss Sanssouci und den Park Babelsberg bis zur Meierei im Neuen Garten lässt sich wohl kaum schneller – und schöner – realisieren als mithilfe des Wassertaxis.

Wer mitfahren möchte, sollte sich zur Abfahrtzeit gut sichtbar vor dem Steg der Haltestelle platzieren. Die Tickets können direkt an Bord gekauft werden. Die Stecke ist in drei Zonen eingeteilt, der Ticketpreis orientiert sich an der Zahl der durchfahrenen Zonen. Eine einfache Überquerung der Havel ist schon ab 3,50 Euro möglich, wer alle Highlights entlang des Streckennetzes entdecken will, kann dies mit einem Tagesticket für 14 Euro tun.

Weiße Flotte Potsdam
Lange Brücke 6, 14467 Potsdam, Tel.: 0331/275 92-10, -20, -30
www.potsdamer-wassertaxi.de
Fahrten von Mrz–Okt. Alle Anlegestellen sind mit einem Schild gekennzeichnet.
Preise: ab 3,50 € (eine Station) p. P. | Familientageticket (2 Erwachsene & bis zu 5 Kinder) 35 €

Die Stationen des Wassertaxis
Park Glienicke – Krughorn | Sacrow – Heilandskirche | Cecilienhof – Meierei | Glienicker Brücke – Potsdam | Schloss und Park Babelsberg | Schiffbauergasse – Hans Otto Theater | Potsdam Hauptbahnhof – Hafen | Neustädter Havelbucht – Sanssouci | Potsdam West – Arcona Hotel | Inselhotel Potsdam – Hermannswerder | Kongresshotel am Templiner See | Seminaris Seehotel – Pirschheide | Forsthaus / Strandbad Templin

Rathenow im Havelland 7

Die Stadt Rathenow liegt mitten im Westhavelland und ist ein idealer Ausgangspunkt für Aktivitäten auf dem Wasser. So bietet die örtliche Reederei Bolz regelmäßig verschiedene Fahrten mit ihrem Ausflugsschiff MS Sonnenschein an, darunter eine eineinhalbstündige Stadtrundfahrt, eine zweistündige Schleusenfahrt oder eine dreistündige Kaffeefahrt zum Hohennauener See im Norden. Los geht es jeweils an der Anlegestelle am Haveltor-Kino, gegenüber der ehemaligen Haferflockenmühle, die heute zum Optikpark gehört. Die Stadtrundfahrt führt über den Rathenower Stadtkanal nach Norden, vorbei an ehemaligen Werftgebäuden, Bungalows und Einfamilienhäusern, weiter auf die Havel und bis zur 220 Meter langen Hauptschleuse Rathenow. Nach einem Abstecher zur großen Eisenbahnbrücke wird gewendet und das Schiff nimmt zwischen dem Optikpark zur Linken und dem Weinberg mit dem hoch aufragenden Bismarckturm zur Rechten Kurs auf die historische Altstadt mit dem Stadthafen und der Stadtschleuse. Die Strecke der Schleusenfahrt ist identisch, beinhaltet aber einen Abstecher in die südlich der Stadt gelegene Herrenlanke, einen »toten« Arm der Havel.

Nicht zuletzt dank seiner verkehrsgünstigen Lage hat sich Rathenow seit dem 19. Jahrhundert auch zu einem Wirtschaftszentrum entwickelt. Wichtigster Exportartikel waren (und sind) dabei Erzeugnisse der optischen Industrie wie Brillen, Linsen und Foto-Objektive. Diese Tradition hat auch zur Gründung des Optikparks geführt, einem Landschaftspark, der ganz dem Thema Sehen gewidmet ist. Farbpyramiden und nach Farben sortierte Blumenbeete, ein Optik-Erlebnispfad, ein Optik-Spielplatz und das weltgrößte Brachymedial-Fernrohr machen den Aufenthalt zu einer kurzweiligen Ange-

Flöße im Optikpark

Schleusenspucker am Hafen von Rathenow

legenheit – auch für Familien mit Kindern. Ein schöner Start in die Erkundung des Parks ist die (kostenlose) Floßfahrt vom Eingang an der Nordspitze bis zum südlichen Ende. Die Flößer geben dabei gerne Auskunft über die Geschichte ihrer Stadt und des Optikparks. Sie können auch erzählen, warum am Mühlenwehr in direkter Nähe zum Eingang des Parks Brandenburgs höchster Leuchtturm in der Havel steht: Der zwölf Meter hohe, rot-weiß angestrichene Turm ist ein Geschenk des Wasser- und Schifffahrtsamtes Stralsund, das ihn 1997 ausgemustert hat. Die Linse im Inneren des Turms wurde – natürlich – in Rathenow produziert.

Reederei Bolt
Anlegestelle am Kino: Vor dem Haveltor 1, 14712 Rathenow
Tel.: 033874 / 603 21 oder 0160 / 97 76 98 84
www.personenschifffahrt-rathenow.de
Fahrten von Apr–Okt an wechselnden Tagen
Preise: ab 8 € | erm. 5 €

Optikpark Rathenow
Schwedendamm 1, 14712 Rathenow, Tel.: 03385 / 498 50
Ende Apr–Mitte Okt täglich 10–21 Uhr, letzter Einlass um 19 Uhr
www.buga-2015-havelregion.de/optikpark.html (bzw. www.optikpark-rathenow.de)
Preise: In der Saison 2015 nur mit BUGA-Eintrittskarte (ab 20 € | erm. 18 €), die zum Besuch aller 5 Standorte der BUGA 2015 Havelregion berechtigt.

Rund um Rheinsberg

Nicht nur für Verliebte ist Rheinsberg eine Reise wert. Nördlich von hier erstreckt sich das ausgedehnte Rheinsberger Seengebiet, das vom Großen Zechliner See im Westen bis zum berühmten Großen Stechlinsee im Osten reicht. Ausgangspunkt für die Fahrgastschifffahrt in diesem Gebiet ist der Grienericksee, an dessen südlichem Ufer das berühmte Schloss liegt, in dem Friedrich der Große von 1736 bis 1740 als Kronprinz lebte. Der Schiffsanleger liegt nur wenige hundert Meter nördlich vom Schloss am Ende der Seestraße. Von hier aus startet die Flotte der Reederei Halbeck zu verschiedenen Touren: Der Klassiker ist die in der Hauptsaison täglich stattfindende zweistündige »Rheinsberger Seenrundfahrt« über den Grienericksee, den Rheinsberger See mit der legendären Remusinsel, den Schlabornsee, Tietzowsee und Großen Prebelowsee. Der weite Blick auf idyllische Ufer wechselt dabei ab mit der Fahrt durch enge, von dichtem Wald umsäumte Kanäle. Wer mehr Zeit auf dem Wasser verbringen möchte, bucht die vierstündige Tour nach Zechlinerhütte oder die fünfstündige Schleusentour ins mecklenburgische Strasen.

Etwa einmal im Monat werden zu besonderen Terminen auch Ganztagesfahrten angeboten, bei denen man morgens in See sticht und erst abends nach Rheinsberg zurückkehrt – so die Kombitour nach Fürstenberg und Himmelpfort mit dreistündigem Landgang in Fürstenberg und einer einstündigen Pause in der Weihnachtsmann-Stadt Himmelpfort, oder die Tagesfahrt nach Röbel an der Müritz, dem größten Binnensee Deutschlands. Angesichts der Ankunfts- und Abfahrtzeiten bietet es sich an, diese ausgedehnten Touren mit einer Übernachtung in Rheinsberg zu verbinden, zum Beispiel im MARITIM Hafenhotel Rheinsberg, einem Vier-Sterne-Haus mit Wellnessoase

MS Remus

Schloss Rheinsberg am Grienericksee

und Blick auf das »Hafendorf« aus direkt am Wasser gelegenen Ferienhäusern mit eigenen Bootsstegen und einem 22 Meter hohen Leuchtturm. Die Anlage dient auch als Wasserwander-Rastplatz, und beim Boat City Bootsverleih (www.boote-rheinsberg.de) kann man Kanus, Kajaks und führerscheinfreie Motorboote ausleihen.

Vor oder nach einer Bootstour sollte man auf jeden Fall einen Besuch im Schloss und dem darin befindlichen Tucholsky-Museum einplanen. Auch die historische Altstadt von Rheinsberg lädt zu einem kleinen Bummel ein. Im näheren Umkreis lohnt auch ein Abstecher nach Zechlinerhütte, wo ein kleines Museum an den Polarforscher Alfred Wegener erinnert.

Reederei Halbeck
Markt 11, 16831 Rheinsberg , Tel.: 033931 / 386 19
www.schifffahrt-rheinsberg.de
Fahrten von Apr–Okt mehrmals täglich
Preise: Rundfahrten ab 12,50 € | Teilstrecken ab 4,50 € | Ermäßigungen für Familien, Senioren und Gruppen | Mitnahme von Fahrrädern (3 €) und Hunden gestattet

Schloss Rheinsberg
Mühlenstraße 1, 16831 Rheinsberg , Tel.: 033931 / 726-0
www.spsg.de
Apr–Okt Di–So 10–18 Uhr (Tucholsky-Museum nur bis 16.30 Uhr)
Eintritt: Schloss 8 € | erm. 6 € | Museum 4 € | erm. 3 € | Kombi- und Familientickets

Scharmützelsee

Idyllisch am Ufer des Scharmützelsees – des »Lago di Saarow« – gelegen, verströmt Bad Saarow ein fast italienisches Urlaubsflair. Vom Hafen in der Seestraße aus befahren vier Ausflugsschiffe den größten See Brandenburgs. Die große Rundfahrt auf dem über zehn Kilometer langen See dauert etwa zwei Stunden und führt über die Stationen Alte Eichen, Saarow-Strand, A-ROSA, WR-Ferienpark, Wendisch-Rietz, Diensdorf, Theresienhof und Cecilienhof zurück zum Ausgangshafen. In der Hauptsaison, wenn die Schiffe fast im Stundentakt verkehren, lohnt es sich durchaus, die Tour an einem der Haltepunkte zu unterbrechen: Die Hotel- und Spa-Anlage A-ROSA lockt zum Beispiel mit dem Sterne-verdächtigen Restaurant »Villa am See« oder dem (etwas preiswerteren) »Marktrestaurant«, beide mit Seeblick. Etwas weiter entfernt liegt das mondäne Café Dorsch mit herrlicher Seeterrasse und eigenem Yachthafen – ungefähr in der Mitte des Sees, auf halber Strecke nach Wendisch Rietz (Humboldtstraße 16, täglich ab 12 Uhr geöffnet).

Wendisch Rietz bietet neben dem SATAMA-Resort mit seinen zehn verschiedenen Saunen und einem Sauna-Theater auch eine Surf- und Segelschule mit Bootsverleih (www.surf-and-fun.com). Mehr Kultur bietet ein Abstecher nach Storkow mit seiner Burg und der darin gezeigten Ausstellung. Zwischen Wendisch Rietz und Storkow verkehrt am Wochenende die Regionalbahn 36 im Stundentakt. Die Fahrt dauert nur knapp zehn Minuten. Wer mit öffentlichen Verkehrsmitteln von Wendisch Rietz nach Bad Saarow möchte, ist dagegen auf den deutlich seltener verkehrenden Bus angewiesen.

Auch Bad Saarow selbst ist natürlich einen Spaziergang wert. Auf der Webseite der Stadt lässt sich eine Audioführung durch den Ort als MP3-Datei her-

Hafen von Bad Saarow

MS Storkow auf dem Scharmützelsee

unterladen (www.scharmuetzelsee.de/de/service/audio-tour-bad-saarow.html). Sehenswert ist hier vor allem der Bahnhof aus der Kaiserzeit. Wer einen sportlichen Ausklang sucht, findet in unmittelbarer Nähe zum Hafen den Arbora Kletterwald; für Ruhebedürftige empfiehlt sich der Spa-Bereich der Saarow-Therme.

Von Juli bis September wird jeweils dienstags auch eine vierstündige Schleusentour angeboten, die in Wendisch Rietz durch eine Schleuse in das idyllische Rietzer Fließ und weiter bis nach Storkow führt. Die Tour nach Prieros über den großen Storkower und den Wolziger See dauert insgesamt 9,5 Stunden und findet in der Hauptsaison etwa einmal monatlich statt.

Tourismus-Service BürgerBahnhof GmbH
Seestraße 40, 15526 Bad Saarow, Tel.: 033631 / 599 30
www.bad-saarow-schiff.de
Fahrten von Apr–Okt täglich (im Mrz & Nov nur an den Wochenenden) zu wechselnden Abfahrtzeiten
Preise: Rundfahrt (120 Min.) ca. 14 € p. P. | Rundfahrt (60 Min.) ca. 9 € p. P. | Schleusenfahrt (4 Std.) ca. 19 € p. P. | Fahrt nach Prieros (9,5 Std.) 27 € p. P. | Ermäßigungen für Kinder und Schwerbehinderte; für Schüler, Studenten und Arbeitslose nur am Wochenende

Saarow Therme
Am Kurpark 1, 15526 Bad Saarow, Tel.: 033631 / 86 80
www.bad-saarow.de
Öffnungszeiten: täglich 9–21 Uhr, Fr & Sa bis 23 Uhr

Schermützelsee 10

Der Schermützelsee in der Märkischen Schweiz ist ein beliebter Badesee – nicht nur wegen seines klaren Wassers, das im Sommer eine charakteristisch türkisblaue Farbe annimmt, sondern auch, weil er für den Motorbootverkehr weitgehend gesperrt ist. Nur die beiden Fahrgastschiffe »Seeperle« und »Scherri« sowie das Elektrosolarboot »Lena Manuela« dürfen mit Motorkraft über den mehr als 40 Meter tiefen See fahren. Ausgangspunkt ist jeweils der Ort Buckow, in dem seit 1952 der Dichter Bertolt Brecht und seine Frau Helene Weigel ihre Sommerresidenz hatten.

Während das Ostufer rund um den Ort von Gärten und zum Teil imposanten Wohnhäusern geprägt ist, beeindrucken die übrigen Ufer des Sees durch fast unberührte Natur und dichte Wälder. Ausgedehnte Schilfgürtel bieten Schutz für eine Vielzahl von Wasservögeln, und mit etwas Glück sieht man hier Ringelnattern auf dem Wasser oder gar einen Eisvogel.

Die Anlegestellen befinden sich direkt an der Strandpromenade, neben dem beliebten Strandbad, in dem man auch Ruder- und Tretboote ausleihen kann. Wer Lust hat, kann also vor oder nach der etwa einstündigen Rundfahrt noch Baden oder die Fahrt auf dem Wasser mit eigener Muskelkraft fortsetzen. Auch eine Wanderung auf dem 7,5 Kilometer langen Panorama-Rundweg rund um den See ist zu empfehlen; die Route führt vorbei an zwei reizvollen kulinarischen Höhepunkten: dem Restaurant Fischerkehle am Südwestufer (www.fischerkehle.de) und dem Restaurant Johst am See (www.johst-am-see.de) am Nordwestufer. Vom Anleger an der Fischerkehle aus kann man mit »Seeperle« oder »Scherri« auch über den See zurück nach Buckow fahren.

MS Seeperle

Buckow vom Wasser aus

Ebenfalls über den Panorama-Rundweg zu erreichen ist das südlich von Buckow gelegene Brecht-Weigel-Haus – ein kleines Museum, in dem man täglich von 9–17 Uhr (am Wochenende eine Stunde länger) die Privaträume des berühmten Künstlerpaares besichtigen kann (www.brechtweigelhaus.de).

Ein weiterer Aspekt, den man bei einem Aufenthalt in Buckow nicht vernachlässigen sollte, ist die Gesundheit, konkret: die Stärkung der Abwehrkräfte durch die von Pfarrer Sebastian Kneipp entwickelten Methoden. Nicht umsonst nennt sich das Städtchen auch »Kneipp-Kurort«. Die öffentlichen Wassertretstellen am Flüsschen Stobber sind ausgeschildert.

Seetours Märkische Schweiz
Bertolt-Brecht-Straße 11, 15377 Buckow, Tel.: 033433 / 232
www.kurstadt-buckow.de/seetoursms
Fahrten von Apr–Okt mehrmals täglich
Preise: ab 7 € | Ermäßigungen für Kinder | Mitnahme von Fahrrädern, Hunden, Rollstühlen und Kinderwagen ist möglich

Erlebnisschifffahrt Zopf
Am Dorfteich 3, 15377 Oberbarnim OT Bollersdorf, Tel.: 033433 / 567 42 oder 0160 / 97 93 33 33
www.erlebnisschiff-zopf.de
Fahrten ganzjährig mehrmals täglich
Preise: ab 8 € | Ermäßigungen für Kinder und Behinderte

Schiffshebewerk Niederfinow 11

Dieses 80 Jahre alte Bauwerk ist ein wahres Meisterwerk der Ingenieurbaukunst, das man sich auch ganz aus der Nähe ansehen kann. Bei Niederfinow beträgt der Höhenunterschied auf dem Oder-Havel-Kanal ganze 36 Meter. Durch das Schiffshebewerk als Fahrstuhl können bis zu 1.000 Tonnen schwere Schiffe das Gefälle auf der Wasserstraße zwischen Havel und Oder mühelos bewältigen. Wie dieses Wunderwerk arbeitet kann man gut beobachten, wenn man die Aussichtsplattform besteigt. Von hier hat man einen wunderbaren Ausblick in die Landschaft sowie auch ins Innere, wo der riesige Trog mit den Schiffen über Seilwinden hinauf- oder hinuntergezogen wird. Über Details, Historie und Zukunft kann man sich zudem multimedial im Pavillon des Wasser- und Schifffahrtsamtes am Fuße des Kolosses informieren.

Während das Hebewerk das ganze Jahr (außer bei extremen Witterungsbedingungen) besichtigt werden kann, ist eine Besichtigungsfahrt mit der Fahrgastschifffahrt Neumann nur von März bis Oktober möglich, aber empfehlenswert. Man startet an einer der Anlegestellen am Ober- oder Unterhafen. Vom Parkplatz am Hebewerk aus, um den herum es auch einige kleinere gastronomische Einrichtungen gibt, gelangt man am günstigsten zur Anlegestelle 3 am Unterhafen, von wo aus man auch einen guten Ausblick auf das alte und das entstehende neue Hebewerk hat.

Eine solche Besichtigungsfahrt, die dort endet, wo sie begonnen hat, dauert etwa 60 bis 90 Minuten, wobei man das ganze Prozedere bei der Auf- und Abfahrt per Schiff mit sachkundigen Erklärungen des Schiffsführers erleben kann. Eine solche Fahrt findet ab einer Mindestpersonenzahl von zehn Passagieren statt.

Sportboote im Trog des Hebewerks

Schiffshebewerk Niederfinow

Wer selbst mit dem Sportboot auf dem Kanal unterwegs ist, kann diese Passage an der Seite eines der großen Schleppkähne im eigenen Boot erleben. Wassersportler nutzen allerdings oft lieber den in der Nähe befindlichen Finowkanal mit seinen handbetriebenen Schleusen. Wer mit dem Auto angereist ist, kann zum Beispiel noch einen Besuch des Eberswalder Zoos, des Luftfahrtmuseums Finowfurt oder, etwas weiter, des Klosters Chorin anschließen.

Noch bis 2025 – so der Plan – wird das 1934 eingeweihte Hebewerk arbeiten. Dann soll der wesentlich größere Neubau aus Stahlbeton das alte Schiffshebewerk ablösen, aber Besuchern ebenfalls als Besichtigungsort offen stehen.

Schiffshebewerk Niederfinow
Hebewerkstraße 70, 16248 Niederfinow, Tel.: 033362 / 61 91 22
www.schiffshebewerk-niederfinow.info
Betriebszeiten täglich von 6–22 Uhr. Besichtigungszeiten im Sommer 9–18 Uhr & im Winter 9–16 Uhr.
Preise: 2 € p. P. | erm. 1 € (Kinder bis 6 J. frei)
Informationszentrum mit Ausstellung & Kartenverkauf neben dem Schiffshebewerk

Fahrgastschifffahrt Neumann
Birkenweg 18, 16225 Eberswalde, Tel.: 03334 / 244 05 oder 0172 / 302 65 35
www.schiffshebewerk-niederfinow.info/neumann.htm
Besichtigungsfahrten vom 21. Mrz–31. Okt, täglich 11, 13 & 15 Uhr entweder ab Unterhafen (300 m hinter dem Parkplatz Niederfinow Hebewerkstraße) oder ab Oberhafen (An der Schleusentreppe, an der L 291). Dauer: ca. 60 bis 90 min., Preise: 7 € p. P. | Kinder (4–12 J.) 4 €

Senftenberger See

12

Ganz im Süden Brandenburgs, direkt an der Grenze zu Sachsen, lockt das Lausitzer Seenland – ein Ensemble von mehr als 20 künstlichen Seen, die durch Flutung ehemaliger Braunkohle-Tagebaue entstanden sind. Noch haben nicht alle Seen ihre vorgesehene Größe erreicht und es sind auch noch nicht alle miteinander verbunden, aber bis 2018 wird hier Europas größte künstliche Wasserlandschaft entstehen.

Einer der ältesten und größten Seen in diesem Gebiet ist der Senftenberger See, der schon seit 1973 zum Baden freigegeben ist. Heute findet man dort Badestrände mit einer Gesamtlänge von sieben Kilometern. Auf dem etwa 20 Meter tiefen See verkehrt mehrmals am Tag das Ausflugsschiff MS Santa Barbara – mit Halt im modern ausgebauten Stadthafen Senftenberg und den beiden eingemeindeten Orten Niemtsch und Großkoschen. Wer die gesamte, knapp eineinhalbstündige Rundfahrt machen möchte, startet in Großkoschen, wer es kürzer mag, fährt in 30 Minuten von Senftenberg bis Niemtsch und zurück. Am Stadthafen Senftenberg kann man für weitere Erkundungstouren Fahrräder, E-Bikes, Segways und führerscheinfreie Motorboote ausleihen (www.segtours24.de) oder sich einfach auf die Sonnenterrasse des Panoramarestaurants »Pier 1« setzen, das mediterran inspirierte Speisen, aber auch Kaffee, Kuchen und Eis im Angebot hat.

In Senftenberg lohnt unbedingt ein Bummel durch die historische Altstadt rund um den Alten Markt. In dem imposanten Haus der Adler-Apotheke lebte von 1949 bis 1951 der Schriftsteller Erwin Strittmater; sehenswert ist zudem die Peter und Paul Kirche, auch wenn von der ursprünglichen gotischen Ausstattung nur noch wenig erhalten ist. Das Museum »Schloss und Festung Senften-

Wassersportzentrum Senftenberger See

MS Santa Barbara

berg« (Schloßstraße, April bis Oktober Dienstag bis Sonntag 10–17.30 Uhr) bietet eine beeindruckende Reise durch die Kultur- und Industriegeschichte der Niederlausitz – inklusive sorbischer Bauernstube und Schaubergwerk.

Wer länger in der Gegend bleiben möchte, findet in Großkoschen im »Familienpark Senftenberger See« zahlreiche Ferienhäuser und Campingstellplätze, unmittelbar in der Nähe des Badestrands. Übernachten kann man auch (in Mehrbettzimmern, Campinghütten oder auf der Zeltwiese) im nahe gelegenen Wassersportzentrum, das nicht nur Paddel-, Tret- und Segelboote vermietet, sondern auch Kurse für Motorbootführer- und Segelschein anbietet. Die ganze Anlage ist barrierefrei und verfügt über einen speziellen Lift, mit dessen Hilfe auch Rollstuhlfahrer problemlos die Boote besteigen können.

Reederei M. Löwa (MS Santa Barbara)
Burger Straße 11, 03096 Werben, Tel.: 0173 / 683 72 44 oder 0152 / 54 01 81 66
www.reederei-loewa.de
Fahrten von Apr–Okt jeweils Sa & So mehrmals täglich
Rundfahrt (ca. 80 Minuten): ca. 9 € p. P. | erm. 4,50/8 € | Teilstrecken ab 2 € p. P.

Wassersportzentrum Senftenberger See
Straße zur Südsee 2, 01968 Senftenberg (OT Großkoschen), Tel.: 03573 / 80 06 00
www.senftenberger-see.de/de/wassersportzentrum.html
Öffnungszeiten: Apr–Mai & Sep–Okt 10–18 Uhr, Jun–Aug 9–18 Uhr

13 Rund um Templin

Inmitten der hügel- und waldreichen Landschaft des Naturparks Uckermärkische Seen liegt die Stadt Templin. Von hier aus kann man verschiedene Ausflugsfahrten auf dem Wasser unternehmen. Am Anleger an der Seestraße starten die MS Uckermark und der »Oldtimer« MS Templin zu einer etwa zweistündigen »Fünf-Seen-Rundfahrt« über Templiner, Gleuen-, Bruch-, Fähr- und Zaarsee. Hat man die letzten Ausläufer der Stadt mit ihren eindrucksvollen Villen und dem ehemaligen Joachimsthalschen Gymnasium hinter sich gelassen, beeindrucken auf der Fahrt vor allem die üppig bewachsenen Ufer, an denen man zahlreiche Wasservögel – wie Haubentaucher, Fischreiher oder gar Eisvögel – beobachten kann.

Auf der anderen Seite der Stadt, an der 1895 erbauten Schleuse unterhalb der Alten Mühle, befindet sich der Anleger der MS Uckerperle. Von hier aus geht es auf einer ebenfalls zweistündigen Tour zum südwestlich von Templin gelegenen Röddelinsee. Auf der Fahrt durch den langgestreckten, äußerst schmalen Templiner Kanal sieht man neben idyllischen Kanalwiesen und üppigen Seerosenfeldern auch ein Stück der fast zwei Kilometer langen mittelalterlichen Stadtmauer. Nach der abenteuerlichen Unterquerung zweier niedriger Brücken erreicht man den bis zu 60 Meter tiefen Röddelinsee. Am nördlichen Ufer liegt der kleine Ort Röddelin mit einer Ausflugsgaststätte, zu der auch ein kleines Wildgehege gehört; am südlichen Ufer befindet sich die Westernstadt Eldorado Templin – ein lohnendes Ziel für einen anschließenden Familienausflug (www.eldorado-templin.de).

Die Schiffe der Templiner Reedereien sind relativ klein und werden, vor allem im Sommer, von den Einheimischen rege frequentiert. Sollte man einmal

Historische Stadtmauer

MS Uckerperle

nicht mit an Bord kommen, gibt es aber zum Glück einige Alternativen: So bietet sich ein Besuch im Strandbad an (Prenzlauer Allee), wo man entweder baden oder sich ein Ruder-, Tret-, Paddel- oder Motorboot ausleihen kann, um auf eigene Faust den Templiner See zu erkunden (www.wassersport-templin.de). Einen weiteren Bootsverleih findet man am Stadthafen in der Seestraße (www.bootsverleih-bootsshop-froehnel.de).

An Land lohnt sich auf jeden Fall auch ein Rundgang durch die barocke Altstadt und entlang der hervorragend erhaltenen mittelalterlichen Stadtmauer. Zum Ausklang des Tages bietet sich auch ein Besuch in der bis 21 Uhr geöffneten Naturtherme Templin mit ihrem ausgedehnten Sauna- und Wellnessbereich an (www.naturthermetemplin.de).

Fahrgastschifffahrt Herbon (MS Uckerperle)
Prenzlauer Allee 26, 17628 Templin , Tel.: 03987 / 33 84 oder 0172 / 784 18 01
www.uckerperle.de
Fahrten von Apr–Okt täglich um 11, 13.30 & 15.45 Uhr
Preise: ca. 12 € | erm. 6 €

Reederei R. Ziem (MS Uckermark, MS Templin)
Eichenweg 9, 17268 Templin (Liegestelle Seestraße), Tel.: 03987 / 20 27 18 oder 0171 / 375 53 67
www.fgs-uckermark.de
Fahrten von Apr–Okt täglich um 10.30, 13 & 15.30 Uhr
Preise: ca. 12 € | erm. 6 €

Rund um den Teupitzer See

14

Der wohl berühmteste Wassertourist, der die Dahme und die Seenkette nördlich des Teupitzer Sees bereist hat, war der Schriftsteller Theodor Fontane: Im Juli 1874 nahm er an einer dreitägigen »Expedition« auf der Segeljacht Sphinx teil, die ihn von Köpenick bis nach Teupitz führte und von der er in seinen »Wanderungen durch die Mark Brandenburg« geradezu begeistert berichtete.

Für heutige Reisende ist das kleine Städtchen Teupitz der perfekte Ausgangspunkt für eigene »Expeditionen« an Bord des 1993 gebauten Ausflugsschiffes MS Schenkenland. Die örtliche Reederei bietet verschiedene Touren an. Auf der knapp einstündigen Rundtour über den Teupitzer See wirft man einen Blick auf das idyllische Ufer, inklusive Fontane-Park und Schloss (das leider nicht zu besichtigen ist). Die zweistündige »Vier-Seen-Rundfahrt« führt über den Teupitzer, Schweriner, Zemmin- und Schulzensee bis nach Groß Köhris und zurück; abenteuerlich ist dabei die Passage der spreewaldartigen Kanäle mit dichtem Wald links und rechts sowie die Unterquerung dreier tief liegender Brücken. Auf der längeren »Sieben-Seen-Rundfahrt« geht es von hier aus weiter über den Großen und Kleinen Moddersee bis zum Klein Köriser See; passiert wird dabei eine Zugbrücke, die es schon zu Fontanes Zeiten gab. Hier müssen auf dem Oberdeck die Geländer eingeklappt werden. Auf dem Klein Köriser See wird die Stille der Natur abgelöst vom regen Treiben der Wasserski-Fahrer und Freizeitkapitäne.

Von Mitte Mai bis Mitte September wird immer mittwochs und sonntags die noch längere »Zehn-Seen-Rundfahrt« angeboten. Diese fünfstündige Tour beginnt gegen 13 Uhr in Teupitz und endet nicht auf dem Klein Köriser

MS Schenkenland

Fahrt auf schmalem Kanal

See, sondern führt weiter über Hölzernen, Schmölde- und Huschte-See bis in das mitten im Naturpark Dahme-Heide-Seen gelegene Dorf Prieros. Hier gibt es einen 80-minütigen Aufenthalt, der entweder für eine Besichtigung des Botanisch-Naturkundlichen Lehrgartens und des Heimatmuseums genutzt werden kann oder für eine Rundfahrt auf der Dahme. In unregelmäßigen Abständen wird diese Tour auch als »Fontane-Tour« angeboten, bei der der Leiter des Naturparks über Fontanes Erlebnisse und die heutige Landschaft und Natur erzählt. Im Teupitzer Hafen kann man übrigens auch Ruderboote und führerscheinfreie Motorboote ausleihen.

Teupitz selbst hat leider weder in kultureller noch kulinarischer Hinsicht viel zu bieten. Die größte Attraktion ist hier die Natur, die sich über ein ausgedehntes Netz an Rad- und Wanderwegen erkunden lässt. Sowohl Teupitz als auch Prieros liegen direkt am Dahme-Radweg, der von Berlin-Köpenick bis an den Rand des Spreewalds führt. Wem das Angebot der Bordküche nicht ausgereicht hat, dem sei das exquisite Restaurant Märkische Stuben im zehn Kilometer entfernten Motzen empfohlen (Hotel Residenz, Töpchiner Straße 4, 15749 Mittenwalde OT Motzen).

Dahme-Schifffahrt-Teupitz

Markt 16, 15755 Teupitz, Tel.: 033766 / 415 55 oder 0172 / 307 39 75

www.dahme-schifffahrt.de

Fahrten von Apr–Okt

Preise: ca. 6 bis 15 € | erm. 3 bis 9 €

Über die Uckerseen 15

Als vor fast 12.000 Jahren in der Region die letzte Eiszeit zu Ende ging und sich das Eis langsam nach Norden zurückzog, hinterließ es im Nordosten Brandenburgs ein hügeliges Flachland, übersät mit zahlreichen Seen. Insgesamt 590 davon gibt es heute in der Uckermark. Zwei der größten und schönsten sind die Uckerseen, die zusammen eine Fläche von 2.000 Hektar haben. Der Oberuckersee ist etwa fünf Kilometer lang und rund 1,6 Kilometer breit. Der nördlich gelegene Unteruckersee ist mit sieben Kilometern Länge und gut zwei Kilometern Breite etwas größer – und zugleich der drittgrößte natürliche See Brandenburgs. Beide Uckerseen sind verbunden durch den 4,5 Kilometer langen schiffbaren Uckerkanal.

Im Oberuckersee befindet sich unweit des am Ostufer gelegenen Ortes Warnitz die Burgwallinsel, auf der im 12. Jahrhundert eine slawische Siedlung entstand. Um 1150 brannte die Siedlung ab und der aus Lehm und Holz bestehende Wall glühte durch und verschlackte. Heute befindet sich die Insel in Privatbesitz.

Am nördlichen Ufer des Unteruckersees liegt Prenzlau, die »Hauptstadt der Uckermark«. Im Mittelalter zu den vier größten Städten der Mark Brandenburg gehörend, ist das Städtchen mit rund 20.000 Einwohnern auch heute wieder ein Anziehungspunkt. Die zahlreichen Kirchen und mittelalterlichen Bauten zeugen von der über 800-jährigen Geschichte des Ortes. Das ehemalige Dominikanerkloster beherbergt unter anderem das Kulturhistorische Museum mit einer umfangreichen Dauerausstellung zur Regionalgeschichte der Uckermark (Uckerwiek 813, www.dominkanerkloster-prenzlau.de). Von Prenzlau aus lassen sich die Uckerseen und die umliegende Landschaft bes-

Uckerkanal

Badestelle am Oberuckersee

tens erkunden. Für den Motorbootverkehr weitgehend gesperrt, sind die beiden Seen Heimat zahlreicher Tierarten, darunter Fisch- und Seeadler, Eisvögel und Biber – und nicht zuletzt deshalb einen Besuch wert.

Wer nicht mit Kanu oder Kajak auf Entdeckungstour gehen will, kann auf »Onkel Albert« zählen. Das Fahrgastschiff gehört zu den wenigen motorgetriebenen Gefährten, das beide Seen befahren darf. 1977 in Holland gebaut, bietet das 21,5 Meter lange und knapp fünf Meter breite Schiff 100 Gästen und sogar Fahrrädern Platz. Und zwar fast das ganze Jahr hindurch: Von April bis Dezember kann man auf dem Schiff eine einstündige Rundfahrt auf einem der beiden Uckerseen machen oder die zweistündige Reise von Prenzlau nach Warnitz oder umgekehrt antreten (Fahrtzeit je Richtung etwa zwei Stunden). Zu den Höhepunkten gehört dabei die Fahrt durch den Uckerkanal, der so gar nichts mit einem typischen Kanal gemein hat, sondern eher eine schmale Fahrrinne durch Deutschlands größtes zusammenhängendes Schilfgebiet ist. Wer möchte, kann auch eine große »Zweiseenfahrt« durch das Schilfgebiet mitmachen. Bei Bedarf lässt sich »Onkel Albert« sogar ab 200 Euro pro Stunde chartern, egal ob für Rund-, Kaffee- oder Tanzfahrten.

Fahrgastschifffahrt Uckerseen

Uckerpromenade 44, 17291 Prenzlau, Tel.: 03984 / 83 20 89 oder 0172 / 300 26 11

www.uckerseeschiff.de

Fahrten von Apr–Dez

Preise: einfache Fahrt 10 € p. P. | Hin- & Rückfahrt 15 € p. P. | kleine Rundfahrt 7 € p. P. | Familienkarte (2 Erwachsene & 2 Kinder) 26/38 €

Ein Spaß für Groß und Klein

Mit Muskelkraft: Kajak, Kanu, Ruderboot

Alte Oder

Die Alte Oder mit ihren zahlreichen, meist kleineren Abzweigen durchquert von Lebus, in der Nähe von Frankfurt/Oder, bis nach Hohensaaten, wo sie in die Oder mündet, das gesamte Oderbruch. Das Oderbruch erstreckt sich gewissermaßen zwischen der Hauptoder und der Alten Oder. Hier kann man seltene Vogel- und Pflanzenarten beobachten, vorbei an ins Wasser ragenden Bäumen und breiten Schilfufern die Stille der Natur genießen, das Werk der Biber begutachten und manchmal auch Waldtiere am Ufer äsen sehen.

Ein günstiger Ausgangspunkt für eine Erkundungstour auf der Alten Oder ist Wriezen, das sich Oderbruch-Hauptstadt nennt und das man mit der Bahn aus Berlin über Eberswalde in knapp zwei Stunden erreicht. Vom Bahnhof sind es etwa noch 1,2 Kilometer Fußweg bis zum Kanuverleih am Hafen. Von hier aus kann gestartet werden, aber nach Absprache ist es auch möglich, die Fahrt an einer anderen Stelle zu beginnen, zu der die Boote dann gebracht werden.

Zur Verfügung stehen Kanadier, Kajaks und Tretboote. Neben Einweisungen zu Bootführung und Streckenverlauf gibt es natürlich Schwimmwesten und Karten mit auf den Weg. Außerdem werden Tourenvorschläge angeboten, zum Beispiel die 23 Kilometer lange Drei-Fluss-Tagestour. Bei dieser paddelt man auf der Alten und der Stillen Oder, auf der Mucker und auf der Oder selbst. Zunächst geht es 13 Kilometer die Wriezener Alte Oder stromabwärts nach Neutornow bis ans Wehr, wo bei niedrigem Wasserstand das Boot herumgetragen werden muss. Weiter geht es rechts in die Stille Oder und stromaufwärts bis in die Mucker. In der Höhe Neuranft kann man auf dem Rastplatz eine Verschnaufpause einlegen. Von hier werden die Boote vom Kanuverleih

Alte Oder bei Neugaul

Natur pur auf der Alten Oder bei Wriezen

zur ca. 400 Meter entfernten Oder gefahren, wo man dann auf drei Kilometern bis zu einer Hotelanlegestelle in Hohenwutzen die Schönheit des naturbelassenen Grenzflusses bewundern kann. Allerdings sollte man für diese Tour und besonders auf dem letzten Stück schon einige Paddelerfahrung mitbringen.

Für Anfänger eignet sich da eher die 15 Kilometer lange Kanutour auf den Spuren von Biber und Eisvogel. Gestartet wird die insgesamt vierstündige Tour am Wehr bei Quappendorf in der Nähe von Neuhardenberg, wohin man vom Kanuverleih mit einem Shuttle gelangt. Für Paddeleinsteiger und Familien eignet sich auch die zwei- bis dreistündige Paddelfahrt in den Sonnenuntergang von Neutrebbin aus zum Wriezener Hafen, die ab 18 Uhr beginnt. Beim Kanuverleih gibt es einen Hafengrill, wo man sich stärken kann. Als Besonderheit wird hier (natürlich nur an Erwachsene) das Wriezener Kalkofenbier ausgeschenkt, das der Chef des Verleihs in dem auf dem Gelände befindlichen Kalkofen seit 2009 braut. Der Hobby-Brauer erklärt auch gern vor Ort, wie das mit dem Bierbrauen funktioniert.

Informationen zu weiteren Kanuausleihstationen an der Alten Oder gibt es beim Tourismusverband Seenland Oder-Spree e.V. (www.alteoder.de).

Kanu-Verleih Wriezen
Am Hafen 1a, 16269 Wriezen, Tel.: 0174 / 922 23 70 oder 033456 / 57 44
www.kanuverleih-wriezen.de
Fahrten täglich und ganzjährig, bei Tageslicht und nach Absprache
Preise: pro Std. ab 5 € | 5 Std. ab 17 € | 1 Tag ab 34 € (Tretboot 40 €)

Brandenburg an der Havel 2

Es gibt verschiedene Möglichkeiten, die von der Havel und ihren Nebenarmen durchzogene Wasserstadt Brandenburg zu erkunden. Sportliche mieten sich zu diesem Zweck ein Kajak oder einen Kanadier (zum Beispiel im Wassersportzentrum »Alte Feuerwache«) und erkunden auf eigene Faust die Wasserwege zwischen den mittelalterlichen Stadtkernen. Von der Alten Feuerwache aus geht es zunächst über die Brandenburger Niederhavel bis zur Jahrtausendbrücke, die Alt- und Neustadt miteinander verbindet. Am Brückenhäuschen lockt die Anlegestelle der »cafébar« zu einer ersten Pause. Hier gibt es ebenfalls einen Bootsverleih, von dem aus man die Tour starten kann. Hinter der Jahrtausendbrücke teilt sich nach einer Weile der Wasserlauf: Rechts durch die Näthewinde geht es südlich der Dominsel weiter auf dem Rundkurs um die Innenstadt. Wer den imposanten Dom St. Peter und Paul besichtigen möchte, bleibt links auf der Niederhavel, biegt etwas später rechts in den Domstreng ein und kehrt nach der Besichtigung zum Scheidepunkt zurück.

Die Näthewinde führt zum Mühlendamm, wo das Boot mit Muskelkraft oder mit Hilfe einer Schienenanlage umgesetzt werden muss. Den Schlüssel für den Bootswagen gibt es gegen 20 Euro Pfand in der Gaststätte »An der Dominsel« (www.restaurant-dominsel.de), das sich auch für einen kulinarischen Zwischenstopp empfiehlt. Zur Weiterfahrt biegen Sie rechts in den Brandenburger Stadtkanal ein, der in weitem Bogen entlang der Sankt-Annen-Promenade mit Blick auf das Paulikloster und die katholische Dreifaltigkeitskirche bis zum markanten Steintorturm führt. Hier gibt es einen kleinen Anleger, von dem aus man einen Abstecher zu einer der Eisdielen in der Steinstraße machen kann. Weiter geht es dann durch die Stadtschleuse und zurück

Sowjetisches Ehrenmal und Steintorturm

An der Jahrtausendbrücke

auf die Brandenburger Niederhavel, die links zur »Alten Feuerwache« und rechts zur Jahrtausendbrücke führt.

Egal ob vor, nach oder während der Bootstour – in Brandenburg an der Havel sollten Sie sich auf jeden Fall Zeit für eine Besichtigung des mittelalterlichen Doms mit dem Dommuseum nehmen (Burghof 1, Montag bis Samstag 10–17 Uhr, Sonntag 11.30–17 Uhr, Eintritt 5 Euro | ermäßigt 3 Euro, www.dom-brandenburg.de). Einen Besuch lohnt auch das Archäologische Landesmuseum im Paulikloster (Neustädtische Heidestraße 28, Dienstag bis Sonntag 10–17 Uhr, Eintritt 5 Euro | ermäßigt 3,50 Euro, www.landesmuseum-brandenburg.de).

Wassersportzentrum »Alte Feuerwache«
Franz-Ziegler-Straße 28, 14776 Brandenburg an der Havel, Tel.: 03381 / 22 20 18
www.wassersportzentrum-alte-feuerwache.de
Öffnungszeiten: Apr–Okt 9–19 Uhr
Preise: Kajaks & 3er-Kanadier 10 €/2 Std. | 20 €/½ Tag | 4er-Kanadier 12 €/2 Std. | 24 €/½ Tag
Außerdem erhältlich: führerscheinfreie Motorboote ab 30 €/2 Std. | 60 €/½ Tag

Cafébar im Brückenhäuschen
Ritterstraße 76, 14776 Brandenburg an der Havel, Tel.: 03381 / 22 90 48
www.cafebar-kanu.de
Öffnungszeiten: ganzjährig Mo–Fr 8.30–18.30 Uhr | Sa & So 9.30–18.30 Uhr
Preise: 3er-Kanadier 10 €/2 Std. | 18 €/½ Tag | 4er-Kanadier 11 €/2 Std. | 20 €/½ Tag

Die Brandenburger Havelseen

Am Breitlingsee, nur zehn Kilometer von Brandenburg an der Havel entfernt, liegt die Freizeitanlage Malge mit Pension, Campingplatz, Biergarten, Gastronomie, einer Marina für ca. 100 Boote und dem Bootsverleih mit Tret- und Ruderbooten sowie Kanadiern. Der Breitlingsee zählt zu den Brandenburger Havelseen, die gemeinsam mit den Potsdamer Havelseen mehr als 180 Kilometer Wasserweg umfassen und eines der europaweit größten Wassersportreviere bilden. Deshalb nennen Kenner diese Region auch »Blaues Paradies«. Die Havel ist bekannt für ihre seichte Strömung, die eine Kanutour sowohl stromauf- als auch stromabwärts möglich macht. Durch den häufigen Übergang von seenartigen Erweiterungen der Havel zu Flussläufen und umgekehrt sind die Touren in diesem Gebiet sehr abwechslungsreich. Vom Breitlingsee aus lassen sich der Mörsersche See, der Quenzsee, der Plauener See und der Wendsee erkunden.

Über diese Seen führt die Untere Havel-Wasserstraße, die sich von Berlin-Spandau bis nach Havelberg erstreckt. Bislang ist die Untere Havel für Kanuwanderer noch wenig erschlossen, obwohl sie sich für diesen Zweck anbietet. Der Schiffsverkehr nutzt in der Regel den Elbe-Havel-Kanal, weshalb sich Kanufahrer hier häufig unter ihresgleichen befinden. Es gibt Bestrebungen, die Havel zu renaturieren und in diesem Zuge wieder sandige Ufer anzulegen, die das Einsetzen der Kanus erheblich erleichtern werden. Insgesamt aber bieten auch jetzt schon die vielen kleinen Nebenarme der Havel und die zahlreichen Inseln dort, wo der Fluss etwas breiter wird, Möglichkeiten zu Erkundungen vom Wasser aus. Im Breitlingsee, an dem die Kanustation Malge liegt, lockt zum Beispiel die Kanincheninsel.

Die Marina mit Plätzen für 100 Boote

Unterwegs auf dem Breitlingsee

Kanuten sollten beachten, dass der Breitlingsee zwei kleine Tücken bereithält: Zum einen kann es bei Wind recht anstrengend werden, zum anderen mündet hier über den Quenzsee der Silokanal, auf dem viele Frachtschiffe die schmaleren Havelarme umfahren. Bei einer Tour über den See muss diese regelmäßig befahrene Wasserstraße überquert werden. Nicht ganz so erfahrene Kanufahrer sollten daher dicht an den Ufern bleiben.

Wer nach einem Ausflug mit dem Kanu noch ein wenig ausspannen möchte, dem bietet das Areal rund um das Gasthaus Malge genügend Gelegenheiten. Mit zwei Restaurants und einem direkt am See gelegenen Biergarten ist hier für das leibliche Wohl gesorgt. Die Anlage liegt an einem Radweg, über den aus sich auch Berlin erreichen lässt. Wer eine mehrtägige Ausflugstour durch Brandenburg plant, zum Beispiel mit dem Fahrrad, kann auf dem kürzlich erst sanierten Campingplatz übernachten und den Tag mit einem kleinen Kanuausflug beginnen, bevor es an Land weitergeht.

Gasthaus Malge am See / Marina & Camping
Malge 1–2, 14776 Brandenburg an der Havel, Tel.: 03381 / 798 96 91
www.malge.com
Öffnungszeiten: Apr–Okt.
Preise: Kanu 5 €/Std.

Elbe und Löcknitz

Als einer der 20 größten Flüsse Europas ist die Elbe vieles – aber sicher nicht bekannt als Paradies für Wassersportler. Über 1.000 Kilometer wälzt sich der Strom quer durch Deutschland, nimmt unterwegs u.a. die Moldau, die Saale, die Havel und die Spree auf und mündet schließlich in die Nordsee. Als Bundeswasserstraße ist sie eine Autobahn des schwimmenden Gütertransports und befördert kurz vor der Mündung rund 700 Kubikmeter Wasser je Sekunde. Streng genommen liegt sie allerdings (fast) gar nicht in Brandenburg. Im äußersten Süden und Norden markiert sie für wenige Kilometer die Landesgrenze.

Und doch ist die Elbe ein lohnendes Ausflugsziel für Paddler – auch aus Berlin und Brandenburg. Ausdauernde Wasserreisende nehmen sich auch schon mal die ganze Strecke vor. Der deutsche Abschnitt vom sächsischen Schmilka bei Dresden bis Hamburg ist über 600 Kilometer lang und bietet eine ebenso abenteuerliche wie einmalige Reise.

Wer nicht so viel Zeit hat, dem sei eine Reise in den äußersten nordöstlichen Zipfel Brandenburgs empfohlen: nach Lenzen. Der Ort selbst liegt nicht an der Elbe, sondern an einem von ihren vielen Nebenflüsschen, der Löcknitz. Immerhin verfügt Lenzen aber über einen Elbhafen bei Kilometer 484,7. Dort befindet sich auch die Anlegestelle der Motorfähre »Westprignitz«, mit der man nach Niedersachsen übersetzen kann.

Die nur 66 Kilometer lange Löcknitz ist gerade im Unterlauf über weite Strecken Naturschutzgebiet. Mit ihren Zuflüssen, Altarmen und Teichen sowie Bruch- und Auwaldresten, Uferabbrüchen und Sandbänken ist sie ein Zuhause für zahlreiche Amphibien-, Vogel-, Schmetterlings- und Libellenarten.

Burg Lenzen

Anleger der Pension Löcknitzterrasse

Eine Tour auf dem Fluss, der problemlos in beide Richtungen befahren werden kann, bietet somit vor allem ein einzigartiges Naturschauspiel.

Ein guter Ausgangspunkt für Erkundungen der Löcknitz ist das Café & Pension Löcknitzterrasse, denn hier kann man sich nicht nur stärken oder Quartier beziehen. Es gibt auch einen Kanuverleih mit Hol- und Bringeservice bis maximal 25 Kilometer. Somit sind selbst Touren auf der Elbe kein Problem. Besonders empfehlenswert ist aber die Schweineweide-Tour, die 15 Kilometer flussaufwärts zur landschaftlich reizvollen Gandower Schweineweide führt. In Lenzen selbst lohnt ein Besuch der Burg, wo es u. a. eine Ausstellung zur Flusslandschaft Elbe und den »Lenzener Elbtalauen« zu sehen gibt. Die Boote warten derweil am burgeigenen Anleger.

Café & Pension Löcknitzterrasse
Zur Kegelbahn 9, 19309 Lenzen (Elbe) GT Seedorf
www.cafe-loecknitzterrasse.de
Preise: Boote für 2–4 Personen 10 € p. P./Tag | Hol- und Bringeservice bis 15 km/15 € – bis 25 km/25 € | Ferienwohnung 50 €/Nacht bei 2 P. | Ferienzimmer ab 30 €/Nacht bei 2 P.

Burg Lenzen
Burgstraße 3, 19309 Lenzen, Tel.: 038792 / 12 21
www.burg-lenzen.de

Hohennauener See

5

Der kleine Ort Semlin liegt ein wenig versteckt und sehr idyllisch im Havelland, in der Nähe von Rathenow am Hohennauener See, der in diesem Abschnitt auch Semliner See heißt. Dort können von April bis Oktober in der familiengeführten Pension am See Kanadier, Ruder- und Motorboote gemietet werden.

Los geht es etwa in der Mitte des sehr schmalen, aber langgezogenen und gewundenen Hohennauener Sees. Von hier aus lässt sich auf der einen Seite der Ferchesarer See erkunden, auf der anderen Seite führt der See zur Havel. Aber bereits der Hohennauener See bietet viel Schönes: In jedem der angrenzenden Dörfchen Wassersuppe, Hohennauen, Semlin und Fechesar können Sie anlegen und den Kanadier leicht an Land ziehen. Dort warten dann Einkehrmöglichkeiten, Spielplätze und Badestellen auf einen Besuch. Aber auch die Ortskerne lohnen einen Abstecher, beispielsweise um sich die kleinen, für Brandenburg so typischen Dorfkirchen anzusehen. Naturbegeisterte kommen in dieser Region voll auf ihre Kosten. Im ufernahen Schilf lassen sich bei der Fahrt über den See viele Biberburgen entdecken, und mit ein bisschen Glück zeigen sich sogar See- und Fischadler bei der Jagd.

Die von Familie Meier betriebene Pension am See mit dem Bootsverleih vermietet auch zwölf Bungalows, pro Tag kostet der Aufenthalt in einem der kleinen Häuschen mit eigener Terrasse zwischen 48 und 60 Euro – den Aufenthalt in Semlin ein wenig auszudehnen, sollte also unbedingt eine Überlegung wert sein. Dort werden zudem auch zwei reizvolle Bustouren angeboten. Die eine führt nach Buckow, wo von einem Beobachtungsturm aus Trappen beobachtet werden können, die schwersten Flugvögel der Welt, die lange vom

Possierliche Ureinwohner

Abendstimmung am Semliner See

Aussterben bedroht waren. Die drei einzigen Gebiete in Deutschland, in denen heute noch Trappen leben, liegen in Brandenburg. Während der Tour wird auch viel rund um die Schutzmaßnahmen zum Erhalt und den Lebensraum der Tiere berichtet. Die zweite Bustour bringt die Ausflügler nach Stölln und an den Gülper See. Zunächst geht es zum ältesten Flugplatz der Welt, auf dem Otto Lilienthal seine ersten Flugversuche unternahm. Im Anschluss kommen Naturliebhaber wieder auf ihre Kosten. Im Naturschutzgebiet Gülper See können Gänse, Enten und – wenn die Vögel mitspielen – Seeadler, Trauerseeschwalben und Fischadler beobachtet werden.

Und auch für Wasserliebhaber gibt es spezielle Angebote. Die Region ist für die dort lebenden Biber bekannt und deshalb darf eine Bibertour natürlich nicht im Programm fehlen. Etwa zwei Stunden lang besuchen die Teilnehmer mit Kanadiern verschiedene Biberburgen und mit ein wenig Glück kann man die Nagetiere bei der Arbeit antreffen. Romantisch wird es dann bei Sonnenuntergang. Sobald es zu dämmern beginnt, geht es mit Kanadiern und einem Drink raus auf den See, von wo aus die letzten Sonnenstrahlen des Tages sich einmalig genießen lassen.

Pension Am See
Schneidemühle 7, 14712 Rathenow OT Semlin, Tel.: 03385 / 50 92 74
www.pensionamsee.de
Preise: 3er-Kanadier: 6 €/Std. |13 €/½ Tag | 20 €/Tag
Bibertour: Erwachsene 10 € | Kinder 3 € | Fahrt in den Sonnenuntergang und ein Drink 6 €
Bus-Trappen-Tour 10 € | Bustour Stölln–Gülper See 15 €

Rund um Königs Wusterhausen

Wer Königs Wusterhausen hört, denkt vermutlich zunächst an das Lieblingsschloss des preußischen Soldatenkönigs oder an den legendären Funkerberg, auf dem die Geschichte des öffentlichen Rundfunks in Deutschland begann. Weniger bekannt ist, dass die Stadt als größter Binnenhafen Brandenburgs auch eine maritime Bedeutung hat. Aufgrund ihrer Lage ist sie aber nicht nur ein wichtiger Umschlagplatz für Kohle, Baustoffe und Getreide, sondern auch ein idealer Ausgangspunkt für die Entdeckung des umliegenden wasser- und waldreichen Dahme-Seen-Gebiets.

Starten kann man mitten in der Stadt, an der Schleuse am Ufer des Nottekanals, wo der Bootsverleih König verschiedene Typen von Kanus vermietet. Eine Möglichkeit, auf einer überschaubaren Strecke sowohl Industriekultur als auch fast unberührte Natur zu erleben, bietet die etwa 20 Kilometer lange Tour zum Lankensee und zurück. Vorbei am Schlosspark führt die Fahrt zunächst durch einen Teil der beeindruckenden Hafenanlagen. An der nächsten Wasserkreuzung biegen Sie scharf rechts ab und folgen der Dahme-Wasserstraße flussaufwärts.

Hinter der Schleuse »Neue Mühle« fahren Sie entlang der Uferpromenade vorbei am Tiergarten mit dem Husareneck und erreichen bald den Krimnicksee, auf dem Sie sich links halten, um die von Einfamilienhäusern geprägte Halbinsel Senzig zu umrunden. Direkt hinter der Halbinsel lockt am rechten Ufer des Krüpelsees die Seebrücke Senzig zum Anlegen (Chausseestraße 120). Hier gibt es ein kleines Restaurant, auf dessen Terrasse man sich bei herrlicher Aussicht stärken kann. Danach halten Sie sich am besten auf der Seite des gegenüberliegenden (nördlichen) Ufers, um dann zwischen den

Schloss Königs Wusterhausen

Anleger am Nottekanal

Orten Zernsdorf und Kablow nach links in den Zernsdorfer Lankensee einzubiegen. Sie unterqueren eine Brücke und fahren zwischen den grünen Ufern des schmalen Lankensees weiter, bis Sie am linken Ufer den Campingplatz »Am Lankensee« erreichen (www.campingplatz-lankensee.de). Hier gibt es campingplatz-typische Gastronomie, einen großen Sandstrand und ein Beachvolleyballfeld.

Zurück in Königs Wusterhausen lohnt sich eine Besichtigung des Schlosses oder ein Abstecher auf den Funkerberg ins »Sender- und Funktechnikmuseum Königs Wusterhausen« (Dienstag, Donnerstag, Samstag und Sonntag 13–17 Uhr, www.funkerberg.de).

Bootsverleih »Königsboot«
Schlossstraße 5–6, 15711 Königs Wusterhausen, Tel.: 0152 / 26 16 88 97
www.koenigsboot.de
Öffnungszeiten: Mai–Sep täglich 10–19 Uhr
Preise: Jedes Boot (Kajak oder Kanadier) 5 €/Std. | Bootstransport nach Absprache

Schloss & Schlossgarten Königs Wusterhausen
Schlossplatz 1, 15711 Königs Wusterhausen, Tel.: 03375 / 21 17 00
www.spsg.de
Öffnungszeiten: Apr–Okt Di–So 10–18 Uhr, Nov–Mrz nur an Wochenenden
Preise: inklusive Führung 5 € | erm. 4 € | Familienkarte 12 €

Kyritzer Seenkette

Im äußersten Nordwesten Brandenburgs liegt die Kyritzer Seenkette. Nahezu geradlinig zieht sich die Reihe von fünf Seen von Norden nach Süden über 22 Kilometer westlich von Kyritz hin. Im Norden gingen der Borker See, der Salzsee und der Stolper See im Obersee auf, der seit 1979 mit einer fünf Meter hohen und 900 Meter langen Talsperre aufgestaut wird. Für Wasserfreunde interessant ist vor allem der Untersee. Großteils von Wäldern umgeben und Heimat für zahlreiche Fisch- und Wasservogelarten, ist er eine Paddeltour wert, zumal auf ihm mit Ausnahme weniger Fährschiffe keine motorbetriebenen Fahrzeuge zugelassen sind.

Das Zentrum der Stadt, dem die Seenkette ihren Namen verdankt, liegt rund 3,5 Kilometer westlich des Untersees. Wer kann, sollte seine Reise mit einem Spaziergang durch das über 1.000 Jahre alte Kyritz »an der Knatter« beginnen, dessen mittelalterlich geprägter Stadtkern aus Fachwerkhäusern ebenso sehenswert ist wie die erhaltenen Reste des hiesigen Franziskanerklosters. In Gestalt der sogenannten Waldkolonie erstreckt sich das Städtchen bis an die Ufer des Untersees. Dort liegt auch das Strandbad Kyritz, das sich nicht nur für einen Badetag, sondern auch gut als Ausgangspunkt für eine Rundfahrt auf dem Untersee eignet. Wer kein eigenes Boot mitbringt, kann hier stundenweise eines leihen.

Die Strecke von rund 16 Kilometern sollte gut an einem Tag zu schaffen sein und zugleich genug Zeit lassen für Begegnungen mit tierischen Bewohnern und Landgängen in den ringsum liegenden Orten. So kann man in Stolpe am Nordufer die beeindruckende Staumauer des Dossespeichers in Augenschein nehmen. Am äußersten Südzipfel liegt Wusterhausen, wo man beispielsweise

Marktplatz in Kyritz

Blick auf den Kyritzer Untersee

im Hotel See-Idylle (www.seeidylle.de) einkehren kann. Hier sind übrigens neben Speisen und Zimmern ebenfalls Boote leihweise erhältlich. Gegenüber des Kyritzer Strandbades liegt Bantikow, das seinen dörflichen Charme bewahrt und sich zu einem kleinen Touristenmagneten gemausert hat. So beherbergt das ehemalige Herrenhaus heute das Schlosshotel Bantikow (www.schlosshotel-bantikow.de). Wer es etwas naturverbundener mag und länger als nur einen Tag bleiben will, dem sei der Campingplatz »Knattercamping in Bantikow am See« empfohlen.

Genau zwischen Strandbad und Bantikow liegt übrigens die Unterseeinsel. Einst soll hier eine slawische Burg gestanden haben. Die ist zwar inzwischen weg, aber einen Landgang ist das Eiland allemal wert.

Strandbad Kyritz
Seestraße 120, 16866 Kyritz, Tel.: 033971 / 722 62
www.strandbad-kyritz.de
Öffnungszeiten: In den Ferien tägl. 10–19 Uhr, ansonsten Mo–Fr 13–18 Uhr und Sa & So 12–18 Uhr
Preise: Tageskarte Erwachsene 2,50 € | erm. 1,50 € | Ruderboote und Kanu 5,50 €/Std. | 9 €/2 Std. | Tretboote 6,50 €/Std. | 10 €/2 Std. bzw. 8 €/Std. | 12 €/2 Std.

Knattercamping in Bantikow am See
Wusterhausener Straße 14, 16868 Bantikow, Tel.: 033979 / 143 61 oder 0170 / 566 24 96
www.knattercamping.de

Langer Trödel und Finowkanal

Wie wäre es mit einer Tour auf der ältesten künstlichen Wasserstraße Deutschlands? Der Bau des Finowkanals wurde Anfang des 17. Jahrhunderts vom Kurfürsten Joachim Friedrich angeordnet, um die Oder mit der alten Havel zu verbinden. Der gesamte Kanal erstreckt sich über etwa 50 Kilometer vom Langen Trödel bei Liebenwalde über Eberswalde bis zum Oder-Havel-Kanal bei Liepe. Eine Besonderheit sind die zwölf handbetriebenen historischen Schleusen, die allerdings nur von April bis Mitte Oktober in Betrieb sind.

Der Finowkanal ist ausschließlich mit Sportbooten befahrbar. Für eine Kanu- oder Kajaktour bietet sich eine Fahrt auf dem 8,4 Kilometer langen Teilstück des Kanals an, dem Langen Trödel im Naturpark Barnim. Beginnen kann man zum Beispiel in Zerpenschleuse, wo es auch den Kanu-Verleih am Langen Trödel gibt. Aus Berlin gelangt man u. a. mit der Heidekrautbahn (RB27) dahin, dann ein Stück mit dem Bus 905 und noch 1,7 Kilometer zu Fuß. Eine Fahrt in Richtung Liebenwalde, vorbei an dichten Schilfgürteln und bewaldeten Ufern, ist ruhig und beschaulich und wird dem Namen des Abschnitts gerecht, denn der Lange Trödel ist eine Kombination aus Treideln, wie das Ziehen der Schiffe von Land aus genannt wird, und Trödeln, also langsamer Fortbewegung.

In die andere Richtung, nach Eberswalde, muss man sich allerdings auch etwas Zeit lassen, denn da beginnt das Schleusenabenteuer gleich in Zerpenschleuse. Um auf das Höhenniveau des Oder-Havel-Kanals zu kommen, der überquert werden muss, führt kein Wasserweg an der Schleuse vorbei. Weiter auf dem Finowkanal geht es dann durch weitere Schleusen bis Niederfinow und Liepe (außerhalb der Schleusenöffnungszeiten gibt es Umtragestellen).

Unterwegs mit dem »Langen Trödel«

Naturerlebnis auf dem Langen Trödel

Für eine solche Tour sollte man lieber zwei bis drei Tage einplanen, Rast- und Biwakplätze sind auf der Strecke jedenfalls mehrere vorhanden (zum Beispiel Marina Eisvogel in Finowfurt). Es gibt auch mehrere Kanu-Verleihstationen am Kanal (u. a. in Ruhlsdorf, Marienwerder, Finowfurt und Eberswalde).

Der Finowkanal hat verschiedene kleinere ruhige Seitenarme, wo man die Stille genießen und die Natur beobachten kann. Der Kanu-Verleih am Langen Trödel bietet auch geführte Kanutouren oder eine ca. dreistündige Fahrt auf dem Langen Trödel mit dem »Langen Trödel«, einem Kahn für bis zu 30 Personen (p. P. 10 € | Kinder von 6–14 Jahren 5 €), an. Der Imbiss des Kanu-Verleihs hat als Spezialität Fisch frisch aus dem Räucherofen und Fischbrötchen.

Kanu-Verleih am Langen Trödel
Kanalstraße 11, 16348 Wandlitz / OT Zerpenschleuse, Tel.: 033395 / 700 99
www.am-langen-troedel.de
Täglich 9–19 Uhr
Preise: je angefangene Std. im 2-er 5 € | im 3-er 7 € | Familienkanu 10 €

Infos und Auskünfte zum Finowkanal, Befahrbarkeit, Schleusenöffnungszeiten etc.
Kommunale Arbeitsgemeinschaft Region Finowkanal (KAG)
Am alten Walzwerk 1, 16227 Eberswalde, Tel.: 03334 / 38 49 13
www.finowkanal.de

Von Märkisch Buchholz nach Prieros

Nur wenige Kilometer südöstlich von Berlin lockt der Naturpark Dahme-Heideseen mit über 100 durch Flüsse und Kanäle miteinander verbundenen Seen zu Ausflügen auf dem Wasser. Namensgeber ist der Fluss Dahme, der sich vom Niederlausitzer Landrücken durch das Schenkenländchen schlängelt und bei Märkisch Buchholz mit dem Anfang des 20. Jahrhunderts angelegten Dahme-Umflutkanal zusammenfließt. Nördlich des Dörfchens Prieros verbindet der schmale Fluss dann zahlreiche Seen miteinander. Nimmt man die Seitenarme der von hier aus ebenfalls erreichbaren Spree hinzu, ergibt sich mit der sogenannten »Märkischen Umfahrung« ein 170 Kilometer langer Rundkurs für Paddler.

Im Rahmen eines Tagesausflugs kann man natürlich nur einen kleinen Teil dieser Strecke erkunden. Empfehlenswert ist zum Beispiel der Abschnitt des Dahme-Kanals zwischen Märkisch Buchholz und Prieros: Hier durchquert man – fernab von jeglichen Straßen oder Siedlungen – eine herrlich urwüchsige Auen- und Wiesenlandschaft inmitten dichter Wälder. Dieser Teil des Naturschutzgebietes »Streganzsee-Dahme« ist praktisch kaum besiedelt. Erst am Streganzer See, kurz vor Prieros, kommt man an Häusern vorbei. Eines davon ist das Waldhotel Prieros am linken Seeufer: Hierhin zog sich in den 1950er-Jahren DDR-Staatspräsident Wilhelm Pieck gern in die Sommerfrische zurück.

In Prieros findet man am rechten Ufer mit dem Steg der Gaststätte »Zur Linde« eine gute Möglichkeit zum Anlegen (Prieroser Dorfaue 11, www.linde-prieros.de). Im Ort selbst, der aufgrund seiner Lage auch an der Teupitzer Seenkette touristisch gut erschlossen ist (↑ S. 40–41), lohnt sich eine Besich-

Seeblick

Zwischen Auen und Wiesen

tigung des kleinen Heimathauses (Dorfaue 1, Mai bis September Dienstag bis Freitag 11–16 Uhr, Samstag und Sonntag 13–17 Uhr), des Naturschutzzentrums (Arnold-Breithorn-Straße 8, April bis Oktober Dienstag bis Freitag 10–16 Uhr, Samstag 13–17 Uhr, Sonntag 9–17 Uhr) und des Biogartens (Mühlendamm 14, Mai bis September Montag bis Freitag 8–16 Uhr, Samstag und Sonntag 13–17 Uhr, www.biogartenprieros.de).

Die Strecke von Märkisch Buchholz nach Prieros ist etwa 14 Kilometer lang. Wer den Rückweg gegen die (leichte) Strömung des Dahme-Umflutkanals vermeiden möchte oder die Tour lieber in Richtung Süden paddeln möchte, kann mit dem Kanuverleih auch einen Transfer vereinbaren. Märkisch Buchholz, laut Wikipedia die kleinste Stadt Brandenburgs, hat außer einer klassizistischen Kirche und einem Denkmal für den Schriftsteller Franz Fühmann, der hier zeitweise lebte und arbeitete, touristisch wenig zu bieten. Dafür bietet das selbsternannte »Tor zum Spreewald« noch eine Vielzahl von weiteren Möglichkeiten, Brandenburgs reizvolle Wasserlandschaft zu erkunden.

Kanusport Dahmeland
Eisenbahnstraße 12, 15748 Märkisch Buchholz
Tel.: 033765 / 805 07 oder 0172 / 319 62 53
www.kanusport-dahmeland.de
Preise: 1er-/2er-Kajaks 8 €/Std. | ab 20 €/Tag | 2-er/3-er/4-er-Kanadier 8 €/Std. | ab 25 €/Tag

Obere Havel

Die Havel ist die blaue Lebensader Bandenburgs. Obwohl sie in der Mecklenburgischen Seenplatte entspringt, fließt sie zuerst in südlicher Richtung bis Berlin und Potsdam, ehe sie wieder nach Nordwesten abbiegt und nach insgesamt 334 Kilometern, 285 davon in Brandenburg, bei Havelberg in die Elbe mündet. Unterwegs passiert sie zahlreiche natürliche Seen, weshalb sie auch bei längeren Trockenperioden ihren Wasserstand weitgehend hält. Beides macht sie zum idealen »Revier« für Wasserwanderer.

Als besonders schön gilt dabei die Obere Havel, die ab dem mecklenburgischen Kratzeburg, wo sie bereits zwischen drei und vier Metern breit wird, mit dem Kanu befahren werden darf. Kurz vor Fürstenberg, beim Ellbogensee, passiert die Havel die Grenze zu Brandenburg, streift mehrere Seen, darunter den Stolpsee, an dem auch das legendäre Himmelpfort liegt und von dem aus ein Übergang zu den Uckermärkischen Seen möglich ist. Anschließend schlängelt sie sich weiter südwärts, führt ab Zehdenick als »Vosskanal« weiter bis Liebenwalde und mündet wenig später in den Oder-Havel-Kanal.

Neben dem Kanal mäandert malerisch der ursprüngliche Fluss entlang. Leider kann er nicht befahren werden. Obwohl er hier »Schnelle Havel« heißt, fließt er zu langsam und verschlammt zusehends. Derzeit wird mit zahlreichen Maßnahmen daran gearbeitet, ihn wieder »flott« zu machen. Bei Oranienburg »biegt« der Kanal in westlicher Richtung ab, während die Havel sich südwärts nach Berlin aufmacht. Ab Spandau, wo von Osten auch die Spree hinzukommt, beginnt dann die Untere Havel. Dem Oder-Havel-Kanal folgend lässt sich Berlin aber auch umfahren. Bei Paretz gelangt man wieder auf die Havel.

Unterwegs mit dem Kanadier

Eltern-Kind-Camp mit Tipis

Das Besondere für Paddler: Im Normalfall ist die Obere Havel im Sommer fast strömungslos und kann daher problemlos in beide Richtungen befahren werden. Wer nur auf dem weitgehend natürlichen Teil der Oberen Havel paddeln will, dem stehen immerhin noch rund 115 Flusskilometer zur Verfügung – von Kratzeburg bis Liebenwalde. Wer weiter will, kommt problemlos mit dem Boot quer durch Berlin, bis zur Elbe und darüber hinaus.

Entlang des Flusses gibt es mehr als ein Dutzend Wasserwanderrastplätze, für eine Pause oder die Übernachtung bei einer mehrtägigen Fahrt. Als Startpunkt für Touren unterschiedlicher Dauer und Länge bietet sich, nicht zuletzt dank der Zuganbindung, etwa Fürstenberg an. Außerdem kann sich hier ein Boot leihen, wer kein eigenes hat. Das Team der »Nordlicht«-Kanustation hat nicht nur Boote aller Art, sondern auch zahlreiche Tourenvorschläge und Insidertipps parat.

Nordlicht Tour & Kanu GmbH
Kanustation: Brandenburger Straße 33, 16798 Fürstenberg
Büro: Stargarder Straße 58, 10437 Berlin
Tel.: 030 / 69 40 13 06 oder 033093 / 371 86
www.nordlicht-kanu.de
Bürozeiten: Apr– Sept Mo–Fr 10–18 Uhr, Okt–Mrz Mo–Do 12-18 Uhr, Fr 12–16 Uhr
Preise: zwischen 21 und 88 €/Tag

Auf der Oder

Als Grenzfluss zu Polen ist die Oder ein reizvolles Revier für Kanu- oder Kajakfahrten, die man auch in Kombination mit einer Fahrradtour auf dem Deich entlang des Flusses planen kann. Erstaunt begegnet man hier einer über weite Teile fast unberührten Naturlandschaft. Die Oder weist eine leichte Strömung auf, weshalb mit dem Kanu nur in eine Richtung gefahren werden kann. Der Kanu-Verleih Oderfluss-Charter Triebler macht es aber mit seinem Hol- und Bringservice möglich, die Oder dennoch problemlos vom Wasser aus zu erkunden.

Die Kanustation, die auch über einen Rast- und Biwakplatz mit WC, Waschgelegenheiten, Grillplatz und Wiese verfügt, befindet sich in Brieskow-Finkenheerd, südlich von Frankfurt/Oder. Der Ort ist auch mit öffentlichen Verkehrsmitteln gut zu erreichen, zum Beispiel von Berlin aus in nur eineinhalb Stunden mit der Regionalbahn über Frankfurt/Oder. Vom Bahnhof Kraftwerk Finkenheerd sind es dann noch etwa zehn Minuten zu Fuß, bis man das Ufer des Brieskower Sees erreicht, einem drei Kilometer langen, schmalen Gewässer, das weiter nördlich direkt in die Oder mündet. Ausgeliehen werden können hier Einer- und Zweierkajaks sowie Vierer- und Fünferkanus.

Von hier aus sind sowohl Halbtags- als auch Ganztagstouren über die Oder möglich. Besonders beliebt ist die Tagestour nach Lebus: Dabei geht es über 15 Kilometer zunächst über den Brieskower See und die Oder nach Frankfurt bis zur Anlegestelle am Oderkilometer 584. Hier kann eine Rast oder ein kleiner Stadtbummel eingelegt werden. Man kann die Fahrt auch schon hier in Frankfurt beenden und zum Abschluss eines der schönsten Literaturmuseen Deutschlands besuchen, das Kleist-Museum in der Faberstraße (montags

Frankfurt (Oder)

Oder bei Lebus

allerdings geschlossen), oder eine Stippvisite über die Stadtbrücke ins polnische Słubice unternehmen.

Bei der Fortsetzung der Tour nach Lebus gleitet man weitere zehn Kilometer über die Oder. Der Ort Lebus ist gegen Ende des Zweiten Weltkriegs in den Schlachten um die Seelower Höhen nahezu zerstört worden, deshalb gibt es hier und in der Umgebung zahlreiche Kriegsdenkmäler. Schon vom Wasser aus sichtbar ist ein frühgeschichtliches Naturdenkmal: Die Bergkette vor Lebus (Burgberg, Schlossberg Turmberg) ist Zeugnis einer etwa im Jahr 1000 errichteten Wehranlage, die über Jahrhunderte als uneinnehmbare Festung galt. Ein besonderes Schauspiel bieten im Frühjahr an den Berghängen die in großer Zahl blühenden gelben Adonisröschen, eine sehr seltene Trockenwiesenpflanze. Bei schönem Wetter im März sind hier viele Touristen anzutreffen. Ruhiger ist es auf dieser Strecke im Sommer oder Herbst und auch dann kann man sich an der Schönheit der Landschaft erfreuen, die noch andere Naturerlebnisse zu bieten hat.

Die Oderfluss-Charter verleiht auch Tretboote, auf denen bis zu vier Personen über den idyllischen Brieskower See schippern können.

Oderfluss-Charter Triebler

Kraftwerkstraße 4, 15295 Brieskow-Finkenheerd, Tel.: 0171 / 482 20 49

www.oder-kanuverleih.de

Ausleihzeiten: tägl. sobald und bis es die Witterung zulässt auf Wunsch und Anmeldung

Preise: p. P./Tag Kajak 15 € | Kanu 12 € | Fahrradtransport 2 € | Hol- u. Bringservice pauschal 10 €

Rheinsberger Rhin

Ein absolutes Paddel-Highlight (und längst kein Geheimtipp mehr) ist die Fahrt auf dem Rheinsberger Rhin, der sich vom Städtchen Rheinsberg über Zechow und Rheinshagen bis nach Zippelsförde schlängelt. Dabei geht es auf einer Strecke von knapp 18 Kilometern und mit einem Gefälle von 17 Metern – bei entsprechend schneller Strömung – durch dichte Wälder und ausgedehnte Feuchtwiesen. Die Fahrt über den kurvenreichen, stellenweise extrem schmalen Bach wird häufig durch Stromschnellen, Sandbänke, umgekippte Bäume oder tiefhängende Zweige zu einer echten Herausforderung. Um die Tiere und Pflanzen im Wasser und an den Ufern zu schonen, ist das Befahren des Rhins nur zwischen 15. Juni und 31. Oktober und ausschließlich mit Kajaks erlaubt – und das auch nur dann, wenn der Wasserstand mindestens 65 Zentimeter beträgt. Die solcherart geschützte Natur ist tatsächlich eine der Hauptattraktionen dieser Tour: Der Wechsel zwischen Licht und Schatten unter dem Blätterdach, der teils mangrovenartige Bewuchs der steilen Ufer und die Tiere, die man – entsprechende Ruhe vorausgesetzt – zu sehen bekommt, sind wahrlich beeindruckend. Wer die Möglichkeit hat, sollte den Rheinsberger Rhin unter der Woche befahren, denn dann ist die Zahl der Mitpaddler meist nicht so hoch.

Da der Rhin ausschließlich stromabwärts bepaddelt werden darf, ist der Ausgangspunkt immer Rheinsberg. Zahlreiche Anbieter in der Region bieten daher einen Transfer zum Startpunkt und/oder eine Abholung vom Ziel in Zippelsförde an. Die Fahrt dauert je nach Kondition etwa vier bis fünf Stunden und erfordert durchaus sportliches Geschick; bei Rheinshagen müssen die Kajaks etwa 50 Meter getragen werden, um einer Fischtreppe auszuweichen.

Urwüchsige Natur

Auf dem Rheinsberger Rhin

Von Rheinsberg aus lassen sich natürlich auch andere Kanu-Expeditionen unternehmen. In Richtung Norden erschließt sich über Grienerick- und Rheinsberger See die Rheinsberger Seenkette mit vielen reizvollen Zielen. Im Rheinsberger See kann man zum Beispiel die Remusinsel ansteuern, die schon zu slawischer Zeit besiedelt gewesen sein soll. Am Südufer des Sees lockt im Ortsteil Warenthin der Anleger des »Gasthauses am Rheinsberger See«, das über einen schönen Biergarten verfügt. Eine Übersicht über verschiedene Kanuverleihe in Rheinsberg und Umgebung findet sich auf der Webseite der Stadt.

Wer nach dem Ausflug leiblichen oder kulturellen Appetit verspürt, der ist in Rheinsberg gut aufgehoben. Eine kulinarische Empfehlung ist zum Beispiel das Restaurant Seehof (Seestraße 18, Montag bis Samstag 12–15 und 18–22 Uhr, www.seehof-rheinsberg.de). Ein Besuch im friderizianischen Schloss und dem darin befindlichen Tucholsky-Museum lohnt ebenfalls unbedingt (Mühlenstraße 1, Dienstag bis Sonntag 10–18 Uhr, Eintritt 8 Euro | ermäßigt 6 Euro, www.spsg.de).

Rhinpaddel
Friedrich-Engels-Straße 8, 16827 Alt Ruppin
Tel.: 03391 / 77 12 12 oder 0171 / 172 08 73
www.rhinpaddel.de
Öffnungszeiten: ganztägig von Apr–Okt, in der Nebensaison nach Vereinbarung
Preise: 1er-Kajak 30 € | 2er-Kajak 40 € (inkl. Start-Transfer von Zippelsförde nach Rheinsberg)

Ruppiner Seenland

An Wasser mangelt es in Brandenburg nicht, und auch nicht an Kanuverleihen. Etwas Besonderes hat jedoch der Kajak- und Kanadierverleih »Rolfs Bootsvermietung« in Alt Ruppin zu bieten. Hier können Sie sich nämlich Kanadier für bis zu zwölf Personen ausleihen und damit eine ganze Fußballmannschaft samt Trainer in nur einem einzigen Boot unterbringen. Überhaupt hat Rolfs Bootsvermietung viel im Programm, was das Gruppenbewusstsein stärkt: Bis zu acht Personen können im Indianerzelt im Blumengarten übernachten, bis zu 20 Personen haben dort Platz in weiteren Zelten. Es werden aber auch in einem 250 Jahre alten Gartenhaus Zimmer zur Vermietung angeboten.

Die Umgebung, das berühmte Ruppiner Seenland mit seinen unzähligen Wasserwegen und einer nahezu unberührten Natur, bietet sich an für mehrtägige Kanutouren. Man kann sich das Boot, mit dem man starten möchte, vom Bootsverleih gleich dorthin bringen lassen, wo man lospaddeln möchte. Sei es über den Rheinsberger Rhin (↑ S. 68), auf dem es sogar ein paar Schnellen zu überwinden gilt, oder mit einer geführten Kanu-Wander-Tour zu den größten Kranichrastplätzen in Europa – wer Lust auf Wasserwandern hat, der findet hier auf jeden Fall etwas Passendes. Natürlich ist es auch möglich, kleine Boote – außer Kanus auch Ruderboote, Tretboote mit oder ohne Rutsche oder führerscheinfreie Motorboote – stundenweise für einen kleinen Ausflug zu mieten.

Der Bootsverleiher selbst schlägt einige lohnenswerte Touren vor. Die kürzeste, fünf Kilometer lange Strecke führt über den Ruppiner See nach Alt Ruppin und dauert, wenn keine Profis am Paddel sitzen, etwa eine Stunde. Die längste vorgeschlagene Tagestour legt 30 Kilometer zurück und startet in

Klosterruine Lindow

Blick auf Neuruppin

Rheinsberg. Von dort aus geht es auf dem Rheinsberger Rhin über Zechow, Rheinshagen, Zippelsförde und mehrere Seen in ungefähr neun Stunden nach Alt-Ruppin. Für Kulturliebhaber empfiehlt sich die gut 20 Kilometer lange Fahrt von Alt-Ruppin nach Lindow. Nach knapp sechs Stunden Kanufahrt, lädt dort die Klosterruine Lindow (www.kloster-lindow.de) zu einem Besuch ein.

Wer in Alt-Ruppin ein Kanu mietet, der sollte unbedingt einen kleinen Spaziergang durch das mittelalterliche Städtchen einplanen und der Nikolaikirche einen Besuch abstatten. Auch das nur vier Kilometer entfernte Neuruppin, zu dem Alt Ruppin sein Anfang der 1990er-Jahre gehört, ist auf jeden Fall sehenswert. Die Fontane-Stadt beherbergt natürlich auch das Geburtshaus des bekannten Dichters, in dem Theodor am 30. Dezember 1819 das Licht der Welt erblickte. Im Untergeschoss betrieb sein Vater, Louis Henry Fontane, die Löwen-Apotheke, die bis heute als solche fortgeführt wird – wenn auch nicht mehr von der Familie Fontane. (Löwen Apotheke, Karl-Marx-Straße 84, 16816 Neuruppin)

Rolfs Bootsvermietung
Friedrich-Engels-Straße 20, 16827 Alt Ruppin
Tel.: 03391 / 749 53
www.bootsvermietung-rolf.de
Öffnungszeiten: ganzjährig
Preise: Kanadier je nach Größe zwischen 4 und 20 €/Std.

Schwielowsee

Der Schwielowsee liegt südwestlich von Berlin inmitten eines Landschaftsschutzgebiets und lässt sich bei einem kurzen Ausflug oder einer Tagestour erkunden. Er ist Teil einer Seenkette mit Verbindung zur Havel. Wer sich mit dem Kajak von dem Kajakverleih in Petzow aus auf Richtung Geltow macht, der kommt an der »Fischerhütte« vorbei, kann dort anlegen und rasten. Tipps für Tourenvorschläge sowie eine Wasserkarte gibt es vor Ort.

Von Potsdam aus erreicht man nach 15 Kilometern (und damit auch gut mit dem Fahrrad) den zwischen Petzow und Ferch gelegenen Kajakverleih. Wer das Paddeln am Wochenende mit ein wenig Kulturgeschichte verbinden möchte, kommt in dem nahe gelegenen Dörfchen Caputh auf seine Kosten. Dort steht das eigens für den Namensgeber 1929 nach Plänen des Architekten Konrad Wachsmann errichtete Einsteinhaus, in dem Albert mit seiner Frau Elsa und den beiden Töchtern bis 1932 lebte – für Einstein »ein Paradies«, wie er sagte. Das nach der Mode der Zeit gebaute Haus, größtenteils ein Holzbau, steht auf einem traumhaften Grundstück mit Seeblick. Führungen werden Samstag, Sonntag und an Feiertagen zwischen 10 und 18 Uhr immer zur vollen Stunde angeboten.

Wer dann noch nicht genug hat von Einstein, der sollte einen Abstecher zum Telegrafenberg gegenüber vom Potsdamer Hauptbahnhof machen. Dort steht der futuristisch anmutende, zwischen 1919 und 1924 erbaute Einsteinturm, ein Observatorium, das bis zum Zweiten Weltkrieg das bedeutendste Sonnenteleskop Europas beheimatete. Der Bau ging auf Einsteins Forderung zurück, die Vorhersagen seiner Allgemeinen Relativitätstheorie zu überprüfen. Hiervon angesprochen fühlte sich der Physiker Erwin Finley-Freundlich,

Einsteinturm auf dem Telegrafenberg

Blick auf Geltow

auf dessen Initiative der Bau des Architekten Erich Mendelsohns in Angriff genommen wurde. Das Gelände des Wissenschaftsparks Albert Einstein, auf dem der Turm steht, ist tagsüber öffentlich zugänglich und lohnt auch insgesamt einen Besuch. Wer sich für Führungen über das Gelände oder (allerdings nur im Winter) für eine Besichtigung des Turmes interessiert, kann sich direkt an das Leibnitz-Institut für Astrophysik in Potsdam wenden.

Aber zurück zum Schwielowsee. Kajak-Begeisterte freut es sicherlich zu hören, dass Boote für eine ganze Woche um die 100 Euro kosten. Wer dann noch ein Zelt einpackt, kann seinen Brandenburg-pur-Urlaub genießen. Und wer es etwas ruhiger und besinnlicher angehen möchte, der findet beim Angeln im artenreichen Schwielowsee Gelegenheit dazu. Der Kajakverleih hat Ruderboote im Angebot, die auch außerhalb der regulären Öffnungszeiten gemietet werden können, um das potenzielle Abendessen in seinen aktiven Stunden morgens und abends zu erwischen.

Kajakverleih am Schwielowsee
Löcknitz 7, 14542 Werder (Havel) OT Petzow, der Verleih befindet sich zwischen Petzow und Ferch
Tel.: 0176 / 45 02 43 38
www.kajakverleihschwielowsee.de
Öffnungszeiten: Apr–Okt
Preise: 6 bis 8 €/Std. | 26 bis 35 €/Tag

Im Spreewald

15

Der Spreewald im Südosten Brandenburgs ist zweifellos eine der außergewöhnlichsten Wasserlandschaften Brandenburgs. Die aus dem Süden kommende Spree verzweigt sich im ausgedehnten Lausitzer Niederungsgebiet in eine Vielzahl von Flussarmen, Fließe genannt. Zusammen mit den zahlreichen, im Laufe der Jahrhunderte ergänzten künstlichen Wasserstraßen ergibt sich ein Gesamtnetz mit rund 1.000 Kilometern Länge. Nicht zuletzt aufgrund der hier beheimateten seltenen Tier- und Pflanzenarten wurde das Gebiet 1991 von der UNESCO zum Biosphärenreservat erklärt.

Längst gehört der Spreewald zu den bekanntesten Ausflugszielen sogar über die Grenzen Brandenburgs hinaus. Gerade der Oberspreewald mit den Touristenzentren Lübben und Lübbenau erfreut sich großer Beliebtheit. Doch die weit verzweigte Spree hat auch hier Arme für alle. Gerade Paddler dürften in dem dichten Netz von Wasserläufen stets einen neuen und eigenen Weg finden – vorbei an weiten Erlenwäldern, durch die sich Fließe schlängeln, feuchten Wiesen, immer wieder kleinen Inseln, entlegenen Siedlungen und Zeugnissen der von den Sorben geprägten Geschichte der Region.

Wer sich inspirieren lassen will, kann etwa auf www.spreekapitaen.de unter derzeit mehr als 40 Touren die passende auswählen – je nach Interesse, Dauer, Länge und Laune. Geeigneter Ausgangspunkt für Paddler ist zum Beispiel das Städtchen Burg im Oberspreewald, südwestlich von Lübbenau, von wo aus die meisten Kahnfahrten starten. Das mittlerweile 700 Jahre alte Burg ist selbst einen Rundgang wert. Vom Bismarckturm auf dem Schlossberg lässt sich ein schöner Rundumblick auf die Stadt und die Spreewaldniederung werfen. Vor Ort kann man sich auch gleich mit den passenden Wasserfahrzeugen

Reh am Ufer

Spreewaldschleuse

ausrüsten, etwa beim »Bootshaus am Leineweber«. Zusammen mit Kartenmaterial bekommen Paddler auch Tipps für lohnenswerte Tagestouren, von der dreistündigen Fahrt durch Burg-Kolonie vorbei an Spreewaldgehöften bis zur abwechslungsreichen sechsstündigen Leiper Tour. Wer mehr Zeit hat, kann natürlich auch ein ganzes Wochenende hier verbringen. Dafür bietet sich die Rundfahrt über Lübbenau und den Burger Hochwald an.

Ambitionierte können auch versuchen, das »Spreewaldabzeichen« zu erringen. Gegen eine kleine Gebühr erhält man Kartenmaterial und die Standortbeschreibung von insgesamt 16 über den ganzen Spreewald verteilten Kontrollpunkten, an denen sich Zangen zum Lochen der Teilnahmekarte befinden: Ab fünf Zangenabdrücken gibt es ein Bronzeabzeichen, ab zehn Silber, und ab 15 Gold. Für die Suche steht die ganze Saison von April bis Oktober zur Verfügung – man kann aber auch (zumindest theoretisch) fünf Kontrollpunkte an einem einzigen Tag finden. Teilnahmekarten können bestellt werden bei der Spreewald-Tourismuszentrale, Lindenstraße 1, 03226 Vetschau OT Raddusch, Tel. 035433 / 722 99. Mehr Infos unter www.spreewald.de.

Bootshaus am Leineweber
Hauptstraße 1
03096 Burg (Spreewald), Tel.: 035603 / 600 96
www.spreewald-paddeln.de
Preise: zwischen 3 € (1er-Kajak) und 7 € (4-Sitzer Kanadier)/Std.
zwischen 15 € (1er Kajak) und 35 € (4-Sitzer Kanadier)/Tag

Auf der Stepenitz 16

Die Stepenitz ist ein Nebenarm der Elbe, der in der nördlichen Prignitz entspringt und als sauberster Fluss Brandenburgs gilt. Sie umfließt mit zwei Armen den historischen Kern von Perleberg – und nur vier Kilometer von dem Städtchen entfernt liegt die Neue Mühle, die schon allein einen Besuch lohnt, weil man dort Kanus, Tretboote und Fahrräder ausleihen kann. Schon 1303 wurde die Wassermühle erstmals erwähnt und nach einigen bewegten Jahrhunderten wurde sie 1938 als Ausflugsgaststätte neu erbaut.

Von der Neuen Mühle aus lässt sich Perleberg gut mit dem Kanu erkunden. Wählt man den linken Arm der Stepenitz, der in die Altstadt führt, kommt man am historischen Stadtkern mit Roland, St. Jacobikirche und vielem mehr vorbei. Entscheidet man sich für den rechten Arm des Flusses, kann man bis zum Wehr fahren, wo das Kanu über Land getragen werden muss. Ein- und Ausstiegsstelle (Pferdeschwemme und Gaststätte Belo Horizonte) sind ausgeschildert, befinden sich allerdings nicht in unmittelbarer Nähe zum Wehr. Wer Lust auf eine größere Tour hat, der kann sich auf in Richtung Wittenberge machen. Auf der Strecke warten noch zwei weitere Wehre, die jedoch alle verhältnismäßig einfach durch Umtragen gemeistert werden können.

Ein weiterer Startpunkt für eine Tour auf der Stepenitz ist Wolfshagen. Von hier aus geht es 19 Kilometer durch üppige Natur und saftige Wiesen bis nach Perleberg. Diese Strecke ist nur von Mitte Juni bis Ende Oktober und nur flussabwärts mit der (langsamen) Strömung befahrbar. An der Neuen Mühle trifft man auf ein Wehr, hier muss das Boot umgetragen werden. Wer möchte, kann für diese etwa achtstündige Tour auch an einer geführten Kanuwanderung teilnehmen, bei der für Verpflegung gleich gesorgt ist.

Alternative zum Kanu: Spreewaldkahn

Reges Treiben auf der Stepenitz

Die Neue Mühle liegt am Radweg »Gänse-Tour« und am Elbe-Müritz-Radwanderweg. Für alle, die einen Ausflug an Land mit einer kleinen Paddeltour verbinden wollen, ist das ideal. Es lohnt sich, die Gegend etwas genauer unter die Lupe zu nehmen: Angefangen von dem vollständig erhaltenen Stadtkern Perlebergs laden das Oldtimermuseum (www.oldtimerfreunde-perleberg.de), das Modemuseum in Meyenburg (www.modemuseum-schloss-meyenburg.de) oder der Tierpark Perleberg mit seinen Braunbären, Nasenbären, Erdmännchen und anderen Tieren (www.tierparkperleberg.de) zu einem Besuch. Wer es ruhiger angehen möchte, der genießt einfach die Stepenitz und ihre Landschaft bei einer Tour mit einem der beiden Spreewald-Kähne, die an der Neuen Mühle auf Fahrgäste warten.

Neue Mühle Perleberg
Neue Mühle 3, 19348 Perleberg, Tel.: 03876 / 30 10 10
www.caravanhafen.de
Preise: Kanu/Tretboot 7 €/Std. | jede weiter Stunde 5 €

Freizeit Park Wittenberge
Friedrich- Ebert-Straße 9
19322 Wittenberge, Tel.: 03877 / 791 95
www.freizeit-park-wittenberge.de
Preise: Kanu: Erwachsene 15,50 €/Tag | bis 16 Jahre 12,50 € | geführte Tagestour inkl. Verpflegung: Erwachsene ab 29,50 € | bis 16 Jahre ab 23,50 €

Uckermärkische Seen

17

Gäbe es eine Wahl zur Wasserhauptstadt Brandenburgs, Lychen wäre sicher mit im Rennen. Die Stadt ist inmitten des Naturparks Uckermärkische Seen gelegen, umgeben von sieben Seen – dem Wurlsee, dem Großen Lychensee, dem Nesselpfuhl, dem Stadtsee, dem Oberpfuhl, dem Zenssee und dem Platkowsee. Dank dieser außergewöhnlichen Landschaft, dem Lychener Seenkreuz, ist das kleine Städtchen nicht nur staatlich anerkannter Erholungsort, sondern führt – seit 2013 ebenfalls amtlich bestätigt – den Beinamen »Flößerstadt«. Und zwar sogar auf dem Briefpapier und dem Ortseingangsschild! Und auch das Wappen ziert eine »silberne Burg über blau-silbernem Wellenschildfuß«.

Doch keine Angst: Alle sieben Seen auf einen Streich zu befahren, ist gar keine so unmögliche Aufgabe, sondern durchaus an einem Tag zu schaffen. Nahezu alle motorbootfrei und teilweise Naturschutzgebiet, bieten sie abwechslungsreiche, naturnahe Touren, die trotzdem Badestellen und Möglichkeiten zur Einkehr bereithalten. Je nach Tour muss das Boot allerdings wenige Meter umgetragen werden.

Startpunkt aller Fahrten ab Lychen ist in der Regel der Oberpfuhlsee. Hier finden Wasserwanderer auch »Treibholz«. Bei der von Marcus Thum betriebenen Station kann man sich die nötigen Wasserfahrzeuge besorgen. Vom 1er-Kajak bis zum 10er-Mannschaftskanadier ist alles zu haben. Die Boote sind stunden- und tageweise ausleihbar und mit Paddeln, Schwimmwesten sowie wasserdichtem Stauraum für Gepäck ausgestattet. Die »Treibhölzer« versorgen Besucher auch mit Kartenmanterial – und Entdeckungswillige mit besonderen Tourenvorschlägen. Immerhin ist Lychen nicht nur selbst von Seen umgeben, es ist auch noch im Süden über die Woblitz mit der Havel

Herbststimmung auf dem Oberpfuhl

Hund an Bord

und dem Seengebiet um Fürstenberg sowie im Norden über den Küstriner Bach mit der Feldberger Seenlandschaft verbunden. In südlicher Richtung lässt sich ebenfalls an einem Tag auf einer abwechslungsreichen Strecke das berühmte Örtchen Himmelpfort mit der Ruine des mittelalterlichen Zisterzienserklosters besuchen. Ganz anderen, natürlicheren Zuschnitts ist die Fahrt – von Feldberg aus – über den Küstriner Bach, die zu den schönsten Touren in Norddeutschland zählt. Wer sie von und nach Lychen fahren will, kann sie bei Marcus Thum und seinem Team als »Naturparktour« inklusive Transfer buchen.

»Treibholz« vermietet aber nicht nur Aktivfahrzeuge. Auch eine Rundfahrt mit einem Floß – in Erinnerung an die Flößertradition der Region – ist möglich. Während der Saison gibt es immer montags, mittwochs, freitags und sonntags um 10 Uhr öffentliche Fahrten. Die Flöße können aber auch für Feste gechartert werden. Und wer länger bleiben will, die Station verfügt über eine Herberge mit Platz für bis zu neun Personen: eine umgebaute Kutscherremise im Stadtkern, direkt am Wasser. In Lychen lässt sich neben mittelalterlichen Kirchen- und Stadtbauten auch ein Flößermuseum besichtigen.

Treibholz – Kanu, Floß & Herberge
Oberpfuhlstraße 3a, 17279 Lychen, Tel.: 039888 / 433 77
www.treibholz.com
Geöffnet von Apr-Okt
Preise: Kajaks ab 7 €/Std. oder 25 €/Tag | Kanadier ab 8 €/Stunde oder 30 €/Tag | Floßfahrt ab 7,50/ erm. 5 € p.P.

Fähre in Pritzerbe

Fährmann hol über: Fähren und Kähne

Fähre Caputh

Seit 1853 verbindet eine Fähre die Orte Caputh und Geltow, die heute beide zur Gemeinde Schwielowsee gehören, aber immer noch vom etwa 80 Meter breiten Caputher Gemünde getrennt werden. Die hölzerne Wagenfähre, die die Fährleute anfangs noch mit Rudern und Stakstangen über das Wasser bewegte, wurde später zu einer Seilfähre umgebaut, die seit 1928 nicht mehr mit Muskel-, sondern mit Motorkraft betrieben wird. Kriegseinwirkungen und Verschleiß machten mehrfach die Anschaffung neuer Gefährte nötig. Das zu DDR-Zeiten genutzte Schiff mit dem schönen Namen »Tussy« kam kurz nach der Wiedervereinigung aufs Altenteil. Seit dem Jahr 2002 pendelt nun ihre Nachfolgerin »Tussy II« täglich zwischen Caputh und Geltow. Das erfordert vom Fährmann allerhand Aufmerksamkeit, denn das Gemünde verbindet die attraktiven Wassersportreviere Templiner See und Schwielowsee miteinander: Aus diesem Grund queren hier nicht nur zahlreiche Ausflugsschiffe auf ihrem Weg von Potsdam nach Ferch oder Werder (↑ S. 22–25), sondern auch private Motor- und Segelboote. Trotz der Geschwindigkeitsbegrenzung auf neun Stundenkilometer ist es tatsächlich schon zu Zusammenstößen zwischen der Seilfähre und unachtsamen Freizeitkapitänen gekommen.

Man kann die Fahrt mit der Caputher Fähre als Teil einer Fahrradtour (zum Beispiel von Potsdam nach Werder) einplanen, oder man betrachtet Caputh selbst als Ausflugsziel. Direkt neben dem Fähranleger lädt die Terrasse der Gaststätte »Fährhaus Caputh« dazu ein, bei Kaffee und Kuchen oder einem zünftigen Bier den Trubel auf der Fähre und die vorbeiziehenden Schiffe zu beobachten (www.faehrhaus-caputh.de). Ein Spaziergang über die etwa 300 Meter lange Uferpromenade führt von hier aus zu einer Eisen-

Ausflugsschiff vor dem Fähranleger

Seilfähre Caputh

bahnbrücke, über die man das Seebad Caputh erreicht – mit eigenem Restaurant, einer Seebrücke und einem adretten Sandstrand (www.seebad-caputh.de). Kulturelle Höhepunkte sind das Schloss Caputh (geöffnet von Mai bis Oktober jeweils dienstags bis sonntags von 10–18 Uhr; www.spsg.de), die von Friedrich August Stüler entworfenen Stadtkirche (täglich von 9–18 Uhr) und die Ausstellung über Albert Einstein und sein Caputher Sommerhaus (Straße der Einheit 3, dienstags bis sonntags von 11–17 Uhr). Lohnenswert ist auch das Restaurant Kavalierhaus (Lindenstraße 60, www.kavalierhaus-caputh.de). Es liegt direkt am Anleger der Ausflugsschiffe aus bzw. nach Potsdam und verfügt über eine schöne Terrasse mit Blick auf das Wasser.

Fähre Caputh
Weinbergstraße 2, 14548 Schwielowsee, Tel.: 033209 / 718 48 oder 0173 / 245 03 79
www.faehre-caputh.de
Fährzeiten: Apr–Nov Mo–So 6–22 Uhr, Dez–Mrz Mo–Fr 6–20 Uhr, Sa–So 7–20 Uhr
Preise: 0,50 € p. P. | Fahrrad 1 € | PKW 2 €

Erlebnishof Kützkow
Straße der Einheit 2, 14548 Caputh, Tel.: 033209 / 703 45
www.spsg.de
Öffnungszeiten: Mai–Okt Di–Do 10–18 Uhr, Nov–Apr Sa & So 10–17 Uhr
Eintritt: 5 € | erm. 4 €

Wassertaxi ab Glienicker Brücke

Potsdam ist angefüllt mit historischen Zeugnissen – Schlössern, Parks und Kirchen. Eine Kurzfassung »in drei Lektionen« lässt sich mithilfe des Wassertaxis (↑ S. 24) erleben, das wie ein Bus den Potsdamer Havelabschnitt auf und ab fährt und auf Teilstrecken auch als Fähre genutzt werden kann.

Los geht's an der Glienicker Brücke. Das stählerne Bauwerk war 40 Jahre lang Symbol der deutschen Teilung, denn die Grenze verlief genau auf der Mitte der Brücke. Weltberühmt wurde sie durch drei spektakuläre Gefangenenaustausche in den Jahren 1962, 1985 und 1986, die ihr den Spitznamen Agentenbrücke einbrachten. In der Villa Schöningen, nur wenige Meter von der Brücke entfernt, ist eine Ausstellung zur Geschichte des Bauwerks zu sehen.

Am Fuße der Brücke steigt man in das schwarz-gelbe Wassertaxi, das von Mitte April bis Anfang Oktober bis zu sieben Mal am Tag die Strecke in beide Richtungen befährt. Wer schon hungrig startet, kann nach nur einer Station wieder aussteigen und in der Meierei einkehren. In dem unter Friedrich Wilhelm II. erbauten Gebäude ist ein Gasthaus mit eigener Brauerei untergebracht (www.meierei-potsdam.de) – und das mitten im Neuen Garten, nur wenige Meter entfernt von Schloss Cecilienhof, in dem 1945 die alliierten Siegermächte zur berühmten Potsdamer Konferenz zusammenkamen.

Frisch gestärkt geht es wieder auf die Taxi-Fähre und zur Sacrower Heilandskirche. 1844 nach Skizzen von König Friedrich Wilhelm IV. im italienischen Stil erbaut, ist das direkt am Wasser stehende Gotteshaus weithin sichtbar. Während der deutschen Teilung verliefen die Sperranlagen über das Kirchengelände, die Kirche verfiel und wurde erst durch eine aufwendige Restaurierung 1993 bis 1995 wiederhergestellt. Die Kirche ist, wie der Sacrower

Schiffsverkehr an der Glienicker Brücke

Wassertaxi beim Anlegen

Schlosspark, in dem sie liegt, einen ausgedehnten Landgang wert.

Wer Zeit hat, sollte mit dem Taxi noch eine Station weiterfahren, der letzten der Linie. Vom Krughorn lässt sich nicht nur eine weitere einst royale Grünanlage, der Glienicker Park, besuchen, sondern abermals ansehnlich speisen. Nur wenige Gehminuten von der Anlegestelle liegt das Wirtshaus Moorlake (www.moorlake.de). Es wurde 1840 ebenfalls auf Wunsch von Friedrich Wilhelm IV. erbaut – zu Ehren seiner Gemahlin, Elisabeth von Wittelsbach, im bayerischen Stil.

Ganz in der Nähe kann man sich auf die ebenfalls geschichtsträchtige Pfaueninsel übersetzen lassen. Aber das ist eine andere Fähre …

Potsdamer Wassertaxi
www.potsdamer-wassertaxi.de
Preise: eine Station 3,50 € | Kurzstrecke (zwei Stationen) 5 € | Tagesticket 15 € |
Kinder 6–14 Jahre 50% Ermäßigung | unter 6 Jahre frei

Villa Schöningen
Berliner Straße 86, 14467 Potsdam, Tel.: 0331 / 200 17 41
www.villa-schoeningen.org
Öffnungszeiten: Do u. Fr 11–18 Uhr | Sa u. So 10–18 Uhr
Preise: Kombiticket 9 € |Kombiticket Studenten 7 €
Kinder und Jugendliche unter 18 Jahre haben freien Eintritt

Ketziner Fähre

3

Zwischen Berlin und Brandenburg an der Havel liegt das idyllische Städtchen Ketzin, in dem die Fähre »Charlotte« das ganze Jahr über Fahrgäste von dem einen Havelufer in Ketzin an das andere in Schmergow bringt – und umgekehrt natürlich. Wartezeiten von etwa einer Viertelstunde sollte man einplanen. Auf der Schmergower Seite lohnt ein etwa zwei Kilometer langer Spaziergang zum Kern des kleinen Dorfes. Auf der Ketziner Seite befindet sich gleich neben dem Anleger das Café und Restaurant »An der Fähre« mit großer Sonnenterrasse, von der aus sich die Fähre bestens beobachten lässt. Von Ketzin aus starten übrigens auch die drei Ausflugsschiffe der Reederei Herzog zu verschiedenen Touren durch das Havelland – und bis nach Potsdam und Berlin (↑ S. 16–17).

Von Anfang Mai bis Mitte September lädt das vom Fähranleger aus fußläufig zu erreichende Strandbad Ketzin zu einer Abkühlung in der Havel ein. Geöffnet ist je nach Wetterlage, aber in der Regel von 10 bis 20 Uhr. Man kann hier nicht nur baden, sondern auch für zwei Euro die Stunde ein Ruderboot mieten oder auf dem angrenzenden Campingplatz in einem Tipi übernachten.

Unbedingt lohnenswert ist auch ein Besuch im Schloss Paretz, das um 1800 für den Kronprinzen Friedrich Wilhelm III. und seine Frau Luise erbaut wurde. (Schloss und Park Paretz, Parkring 1, 14669 Ketzin, Öffnungszeiten: April–Oktober: Dienstag–Sonntag 10–18 Uhr, November–März: Samstag und Sonntag 10–16 Uhr, Eintritt: 6/5 €) Das Schloss ist umgeben von einem großen Park, von dem aus es nur wenige Gehminuten hinunter zur Havel sind. An deren Ufer gibt es hier einige offizielle Badestellen, andere kleine Buchten laden dazu ein, das bunte Leben auf der Havel zu betrachten.

Fähranleger auf der Ketziner Seite

Abendstimmung an der Havel

In Tremmen, einem weiteren Ortsteil von Ketzin, wartet das Dorfmuseum auf einen Besuch. Das Museum wurde in einer ehemaligen Stellmacherei eingerichtet, in der früher Gefährte und landwirtschaftliche Geräte aus Holz hergestellt wurden. Viele der originalen Arbeitsgeräte sind – noch funktionstüchtig – heute dort zu bestaunen. Aber auch auf das Schmieden wird eingegangen und im oberen Stockwerk zeigt eine nachgebildete Wohnstube, wie das Leben in Brandenburg in früheren Jahren aussah (Dorfmuseum Tremmen, Heerstraße 6, 14669 Ketzin/Havel, www.museumtremmen.de, Öffnungszeiten: Mitte April–Ende Oktober Samstag, Sonntag und an Feiertagen 13.30–18 Uhr, Eintritt: Erwachsene 1,50 €, Kinder 1 €, Familienkarte 4 €).

Havelfähre »Charlotte«
An der Fähre, 14669 Ketzin/Havel
Tel.: 0162 /200 42 85
Fährbetrieb: April–Sept tägl. 6–20 Uhr | Okt–Mrz Mo–Fr 6–19 Uhr u. Sa, So, feiertags 9–18 Uhr
Preise: Erwachsene 0,50 € | Kinder bis 14 Jahre 0,25 € | Fahrräder: 1,50 € | PKW 3 €

Restaurant & Café »An der Fähre«
An der Fähre 1, 14669 Ketzin
Tel: 033233 / 806 32
www.an-der-faehre.de
Öffnungszeiten: tägl. warme Küche von 12–20 Uhr

Fähre Kiewitt–Hermannswerder

Obwohl die Havel Potsdam mehr oder weniger durchschneidet und nur zwei Brücken die beiden Seiten miteinander verbinden, sind regelmäßige Fährverbindungen im Stadtgebiet eine Rarität. Genau genommen gibt es neben dem Wassertaxi lediglich eine einzige: zwischen den beiden Halbinseln Kiewitt und Hermannswerder. Und obwohl sie für ihre Fahrtstrecke von 290 Metern nur wenige Minuten benötigt, ist sie durchaus eine Reise wert. Als Bestandteil der Vekehrsbetriebe in Potsdam ist die Mitreise übrigens denkbar einfach und auch günstig: Eine Überfahrt gilt als Kurzstrecke (1,40 €), wer ohnehin mit einer Tageskarte im Potsdamer Stadtgebiet (4 €) unterwegs ist, kann die Fähre beliebig oft nutzen.

Die Fahrt selbst zählt zwar nicht zu den spektakulärsten, auch wenn sich den Übersetzenden auf der Flussmitte ein ansehnliches Stadtpanorama Potsdams bietet. Doch für einen Ausflug nach Hermannswerder – und darüber hinaus – ist sie die zweifellos schönste Form der Anreise. Und natürlich bringt die Fähre auch all jene, die ihr Urlaubsdomizil auf Hermannswerder aufgeschlagen haben, schnell und autofrei fast bis in die Innenstadt. Vom Fähranleger auf dem Kiewitt sind es nur 15 Gehminuten bis zum Park Sanssouci, kaum mehr bis ins Stadtzentrum mit Fußgängerzone, Holländischem Viertel und den meisten anderen Sehenswürdigkeiten. Ins Stadtinnere empfiehlt sich ein Spaziergang auf der Uferpromenade, die vom Luftschiffhafen im Westen Potsdams bis zur Neustädter Havelbucht führt.

»Das ganze Eyland muß ein Paradies werden«, hatte schon Johann Moritz von Nassau-Siegen dem Großen Kurfürsten Friedrich Wilhelm im Jahr 1664 gesagt.

Blick nach Hermannswerder

Fähre Kiewitt

Die meisten werden die Reise mit der Fähre F1 freilich in die andere Richtung antreten: nach Hermannswerder. Die Halbinsel, die früher den Namen Tornow trug, wird von der Havel in einem Bogen nahezu vollständig umschlossen und erscheint von Potsdam aus betrachtet wie ein ferner Sehnsuchtsort. Der heutige Name der Halbinsel geht auf Hermann Hoffbauer zurück, einen Teppichfabrikanten, der gemeinsam mit seiner Frau eine evangelische Stiftung ins Leben rief, die 1901 offiziell ihre Arbeit aufnahm und bis heute auf dem südlichen Teil ihren Sitz hat. Das Gelände ist vor allem aufgrund der vielen um 1900 entstandenen roten Backsteinbauten, darunter der weithin sichtbare ehemalige Wasserturm, einen Besuch wert.

Wer nach Überfahrt und Inselrundgang hungrig ist, kann im Inselhotel Potsdam-Hermannswerder (www.inselhotel-potsdam.de) einkehren. Für längere Spaziergänge oder eine Tour mit dem Fahrrad empfiehlt sich die Fortsetzung der Reise entlang der Havel in südwestlicher Richtung – mit Blick hinüber nach Potsdam – bis nach Caputh, wo man mit der Fähre nach Geltow übersetzen kann und wieder zurück nach Potsdam gelangt. Aber auch ein noch größerer Rundkurs von Caputh weiter nach Ferch, Petzow und abermals Geltow ist lohnenswert.

Fähre F1 (Hermannswerder–Auf dem Kiewitt)

Fahrten täglich 7–18 Uhr, mind. alle 15 Min.

Preise: Einfache Überfahrt 1,40 € | erm. 1 €

Tageskarte (für den gesamten ÖPNV im Stadtgebiet Potsdams) 4 €

www.vip-potsdam.de

Fähre Leißnitz

5

Die Lausitz im Südosten Brandenburgs zieht jedes Jahr unzählige Ausflügler an, die zu Fuß, per Rad oder auf dem Wasser diesen Landstrich mit der traditionsreichen sorbischen Kultur erkunden. In Friedland (auf Nierdersorbisch heißt der Ort Bryland), genauer gesagt im Ortsteil Leißnitz, bringt eine Handzugseilfähre – die einzige in Brandenburg – die Fahrgäste an das gegenüberliegende Spreeufer nach Ranzig, das zu dem Ort Tauche gehört. Befördert werden nur Fußgänger und Radfahrer, denen aber erleichtert es die Fähre ungemein, die Spree in nur vier Minuten komfortabel zu überqueren und die Wanderung oder Radtour auf der anderen Seite fortzusetzen. Hier in Leißnitz kreuzen sich vier Radwanderwege: die Oder-Spree-Tour, die Tour Brandenburg, Beeskow-Sulecin und der Spreeradweg. Gäbe es die Fähre nicht, wäre immerhin ein 16 Kilometer langer Umweg über Beeskow notwendig.

An dieser Stelle überquerte bis zum Ende des Zweiten Weltkrieges eine Holzbohlenfähre die Spree, die ebenfalls per Hand bewegt wurde, seit 1999 ist die heutige Fähre in Betrieb. Es handelt sich um eine Tiefseilfähre, deren Führungsseil auf dem Grund des Flusses liegt, solange die Fähre nicht in Betrieb ist. Setzt sie sich in Bewegung, wird das Seil über dem Wasser gespannt und der Fährmann zieht das Schiff mit Hilfe eines Greifers an dem Seil entlang über die Spree. So kann die Fähre auch bei starker Strömung zielgenau das andere Ufer erreichen. Bei Unwetter, Sturm und Nebel stellt sie ihren Betrieb jedoch ganz ein.

Pro Fahrt können bis zu zehn Personen samt Rädern mitgenommen werden. Sollte es tatsächlich einmal großen Andrang geben, dann kommt die Fähre schon nach kurzer Zeit erneut und man kann sich auf der Leißnitzer

Fahrräder an Bord

Warten auf die Fähre

Seite die Zeit im ehemaligen Fährhaus vertreiben, in das ein Imbiss eingezogen ist (Öffnungszeiten: Dienstag – Sonntag 8 Uhr bis Dienstschluss). Aber nicht nur für das leibliche Wohl ist gesorgt, hier können auch Ruderboote ausgeliehen werden, um sich bei einem kurzen Abstecher aufs Wasser zu erholen – und vielleicht sogar der Fähre Konkurrenz zu machen. Wer ein Boot ausleihen möchte, braucht dazu einen gültigen Personalausweis.

Die Fähre liegt auf der Leißnitzer Seite. Wenn Fahrgäste von der Ranziger Seite übersetzen möchten, machen sie mit Hilfe einer großen Glocke den Fährmann Maik Slotta auf sich aufmerksam. Die Anlegestelle befindet sich auf einem Rastplatz für Wasserwanderer, auf dem man auch übernachten kann. Außerdem hat der Imbiss Reparatursets für Fahrradfahrer im Angebot. Alles in allem merkt man, dass hier jemand wirklich mitgedacht hat und auf die Bedürfnisse der Wanderer, Wassersportler und Radfahrer eingeht.

Fähre Leißnitz
Spreestraße 15a, 15848 Friedland OT Leißnitz, Tel.: 0174 / 343 80 13
www.faehre-leissnitz.de
Fahrzeiten: Jun–Aug Mo–Fr 9–19 Uhr, Sa, So u. an Feiertagen 9–20 Uhr |
Apr, Mai, Sep, Okt Mo–Fr 9–17 Uhr, Sa, So u. an Feiertagen 9–18 Uhr
Preise: Erwachsene ohne Rad 1,10 € | mit Rad 2 € | Kinder und Studenten ohne Rad 0,50 € |
mit Rad: 1,10 €

Fähre Liepnitzsee

Mitten im Naturpark Barnim, ganz in der Nähe des schon bei der DDR-Prominenz beliebten Örtchens Wandlitz, glitzert bei schönem Wetter das glasklare Wasser des Liepnitzsees – eines der saubersten Seen Brandenburgs – in der Sonne. Der See ist unter ausflugswilligen Berlinern längst kein Geheimtipp mehr: An warmen Sommertagen sind die zahlreichen Naturbadestrände und das Waldbad am Nordwestufer daher gerne mal überlaufen. Außerhalb der Hochsaison kann man hier aber schöne Spaziergänge am Seeufer und in der waldreichen Umgebung machen. Am Waldbad gibt es auch einen Bootsverleih, bei dem man Kanus oder Ruderboote ausleihen kann, um den See zu erkunden. Bequemer geht das mit der motorisierten (und überdachten) Fähre, die von April bis Oktober im Stundentakt das nördliche mit dem südlichen Ufer und mit der großen Insel Werder in der Mitte des Sees verbindet. Der beste Ausgangspunkt für eine solche Fährfahrt ist die Anlegestelle Nordufer, die ganz in der Nähe von Ützdorf an der Straße zwischen Lanke und Wandlitz liegt. In Ützdorf gibt es kostenfreie Parkplätze. Gegenüber dem Hotel Jägerheim führt ein Fußweg parallel zur Straße zum etwa 500 Meter entfernten Zeltplatz (und einem weiteren, gebührenpflichtigen Parkplatz). Von dort aus sind es dann nur noch wenige Meter nach links bis zum See. Wer es etwas naturverbundener mag, begibt sich in Höhe der Ützdorfer Jugendherberge auf den ausgeschilderten Wanderweg und erreicht so in etwa 15 Gehminuten die Anlegestelle Südufer.

Ob von Norden oder Süden, ein Ausflug zur Liepnitzsee-Insel – die kurioserweise dem Land Berlin gehört – lohnt sich in jedem Fall. Etwa in der Mitte des Eilands, zwischen alten Linden und Kastanien, befindet sich ein kleiner,

Am Anleger

Auf dem Liepnitzsee

rustikaler Imbiss namens »Insulaner Klause«, der auch von den Gästen des auf der Insel befindlichen Naturcampingplatzes gern frequentiert wird. Der Betreiber ist zugleich der Besitzer der Fähre »Frieda«, die nach der legendären Inselwirtin Frieda Nikolaus benannt ist, die hier bis zu ihrer Verrentung im Jahr 1981 eine 100-jährige gastronomische Familientradition aufrecht erhielt: Ihr Großvater soll im Jahr 1864 dem Grafen von Redern das Leben gerettet und zum Dank dafür die Insel zur Bewirtschaftung erhalten haben.

Im nahe gelegenen Wandlitz lohnt übrigens ein Abstecher in das 2013 eröffnete Naturparkzentrum und Agrarmuseum BARNIM PANORAMA.

Fähre Liepnitzsee
Am Liepnitzsee 3, 16348 Ützdorf (Wandlitz), Tel.: 0172 / 360 97 75
www.liepnitzinsel.de
Fährbetrieb Apr–Okt, Mo–Do 9–17 Uhr, Fr–So 9–19 Uhr, jeweils zur vollen Stunde
Preise: 3 € p. P. | erm. 2 € | Schüler 1 € | Familien-Tarif 6 € (2 Erwachsene + max. 4 Kinder) | Hunde 1 € | Fahrräder/Kinderwagen frei

BARNIM PANORAMA
Breitscheidstraße 8–9, 16348 Wandlitz, Tel.: 033397 / 68 19 20
www.barnim-panorama.eu
Öffnungszeiten: täglich außer Fr 10–18 Uhr
Eintritt: 6 € | erm. 4 €

Elbfähre Lütkenwisch – Schnackenburg 7

Wo während der Zeit der deutschen Teilung eine Flussüberquerung tödlich sein konnte, verbindet seit 1991 eine kleine Autofähre das brandenburgische Lütkenwisch in der Prignitz mit dem niedersächsischen Schnackenburg. Mit Größe kann keiner der beiden Orte beeindrucken: Schnackenburg gilt mit etwa 600 Einwohnern als kleinste Stadt Niedersachsens, Lütkenwisch hatte im Jahr 1989 sogar nur 16 Einwohner. Der Grund dafür ist, dass es direkt im Grenz-Sperrgebiet lag; ein Zuzug war also nicht erlaubt, und immer wenn ein Einwohner starb, wurde dessen Haus abgerissen. Die verbliebenen Gebäude sind inzwischen zum Großteil liebevoll saniert, in zweien davon – unmittelbar am Deich mit Blick auf die Elbe – hat die Familie Jaap eine kleine Pension und ein gemütliches Café etabliert (Elbstraße 5, 19309 Lanz OT Lütkenwisch, Tel.: 038780 / 72 63). Beide Angebote werden von den Touristen gern angenommen, die zumeist mit dem Fahrrad auf dem Elberadweg oder der Deutschen Storchenstraße den Ort durchqueren.

Lütkenwisch ist selten Ziel, meistens Durchgangsstation für Reisende – nicht zuletzt dank der Fährverbindung hinüber nach Schnackenburg. Dort gibt es ein »Grenzlandmuseum«, in dem alte Sperranlagen, Uniformen und Ausrüstungsgegenstände von Nationaler Volksarmee und Bundesgrenzschutz zu bestaunen sind (Am Markt, 29493 Schnackenburg, Tel.: 05840 / 210, www.museum-schnackenburg.de). Erinnert wird hier daran, dass die Elbe bis 1989 auf einer Länge von 94 Kilometern Teil der innerdeutschen Grenze war. Mehrere Dutzend Menschen starben im Lauf der Jahrzehnte bei dem Versuch, über den Fluss in den Westen zu fliehen. Auf der ehemaligen Ostseite, in Lütkenwisch, erinnert heute ein Gedenkstein stellvertretend für alle Opfer an

Gedenkstein für die Grenzopfer

Zwischen Brandenburg und Niedersachsen

Hans-Georg Lemme, der 1974 von DDR-Grenzposten mit dem Boot überfahren und durch die Schiffsschraube tödlich verletzt wurde.

Von Lütkenwisch aus führt ein Grenz- und Naturerlebnispfad entlang der alten Grenze an der Elbe bis ins etwa zehn Kilometer entfernte Gartow. Naturfreunde finden dort am Gartower See einen Biberlehrpfad und einen Seeadler-Beobachtungsturm. Am Hafen von Schnackenburg gibt es ebenfalls einen Aussichtsturm, von dem aus man einen beeindruckenden Ausblick auf den Ort, den Fluss und die umgebende Natur hat. Vor der Rückfahrt mit der Fähre, die nur etwa fünf Minuten dauert, kann man sich am Hafen auch im einfach gehaltenen »Gartenrestaurant« oder im Hafencafé »Felicitas« stärken.

Auf der brandenburgischen Seite der Elbe gibt es ebenfalls einige lohnende Ausflugsziele, etwa die malerischen Städtchen Wittenberge und Perleberg mit ihren mittelalterlichen Stadtzentren oder den Pilgerort Bad Wilsnack mit der Wunderblutkirche. In Lenzen (Elbe) gibt es neben Fachwerkhäusern sogar eine kleine Burg zu bestaunen. Storchenfreunde kommen im Storchendorf Rühstädt auf ihre Kosten.

Fähre Lütkenwisch–Schnackenburg
Tel.: 03877 / 56 43 62 oder 0173 / 884 71 45
http://www.elbtalaue-wendland.de/service/anreise/elbfaehren/autofaehre-schnackenburg-luetkenwisch.html
Fährbetrieb Mitte Apr–Mitte Sep Mo–Fr 6–21 Uhr, Sa & So 8–21 Uhr, Mitte Sep–Mitte Apr: Mo–Fr 6–19.30 Uhr, Sa & So 8–19.30 Uhr
Preise: 1 € | erm. 0,50 € | Motorrad 1,50 € | Auto 2,50 €

Neuendorfer Havelfähre

Orte namens Neuendorf gibt es mehrfach im Land Brandenburg. Dieses hier gehört zur Stadt Brandenburg an der Havel, genau wie Wilhelmsdorf mit der Wohnsiedlung Buhnenhaus. Zwischen beiden liegt die Niederhavel. Und da kommt die Fährverbindung ins Spiel, die es schon seit etwa 1900 gibt. Besonders an den Wochenenden war der Wunsch der Ausflügler groß, zu einem der Ausflugslokale auf der jeweils anderen Seite zu gelangen. Und der Weg übers Wasser ist etwa zehn Kilometer kürzer als der über Land. Damals beförderte noch ein gewisser Albert Voigt die Leute mit seinem Boot hinüber, was irgendwann nicht mehr ausreichte, denn mit der zunehmenden Motorisierung waren viele nicht mehr nur zu Fuß unterwegs. Also wurde ein größeres Fährschiff zunächst mit einer Kette und einem an Land installierten Dieselmotor übers Wasser gezogen, 1941 wurde die Kette durch ein Stahlseil ersetzt. Der Dieselmotor befindet sich inzwischen auch auf dem Schiff, das aber nie vom Kurs abkommen kann, weil es durch ein Grundseil geführt wird.

Gegen Ende der 1990er-Jahre wurde der Fährbetrieb mangels Kundschaft eingestellt, aber das ließ sich der Neuendorfer Bürgerverein nicht gefallen und protestierte, sodass nach einer Generalüberholung der Fähre ab Frühjahr 2000 der Wasserweg, betrieben durch die Brandenburger Dienstleistungen GmbH, für Menschen und Fahrzeuge wieder zur Verfügung steht, zumindest von April bis Oktober. Seitdem hat sich die Zahl der Benutzer fast vervierfacht – was angesichts der niedrigen Preise kein Wunder ist. Übrigens kann man den »Seilakt« auf der Fähre nahezu hautnah miterleben, denn es gibt keinerlei Verdeck, wie sonst bei Fähren vorgeschrieben. Das mit Bohlen aus sibirischer Lärche ausgelegte Gefährt fasst maximal zwei Autos, dafür aber bis

Fähre am Anleger

Platz für maximal zwei Autos

zu 50 Menschen. Kinderwagen und Fahrräder werden kostenlos befördert – letztgenannter Service wird immer öfter genutzt, liegen Neuendorf und Buhnenhaus doch am attraktiven und gut ausgebauten »Havelradweg«.

Man kann die Fahrt hin und her natürlich öfter machen, allerdings wird darauf hingewiesen, dass »erkennbarer Pendelverkehr durch Kinder, die das Maß einer einmaligen Fährdienstleistung übersteigen (als Spaßfaktor)« durch das Fährpersonal ausgeschlossen wird. Wer sich von Neuendorf nach Wilhelmsdorf übersetzen lässt, kann sich dort im Traditionsrestaurant »Buhnenhaus« direkt am Wasser mit märkischer Hausmannskost verwöhnen lassen. Von hier aus sind es etwa drei Kilometer Fußweg, immer am Ufer des Breitlingsees entlang, bis zum Seecamp Malge, wo es auch einen Bootsverleih gibt. (↑ S. 50–51) Die Insel, die man auf dem Weg dahin entdecken kann, heißt Kanincheninsel und wäre auch ein mögliches Ziel, das man natürlich nur auf dem Wasserweg erreicht. Der Breitlingsee, eines der größten Gewässer der Brandenburger Seenplatte, ist ein beliebtes Ausflugsziel und hat rundum auch viel Wald- und Heidelandschaft zu bieten.

Havelfähre Neuendorf
Brandenburger Dienstleistungen GmbH
Am Industriegelände 7, 14772 Brandenburg an der Havel, Tel.: 03381 / 797 24 00
www.bdl-brb.de
Fährbetrieb von Apr–Okt, täglich 10–18 Uhr, am Wochenende & Jun–Aug 9–19 Uhr
Preise: 0,50 € p. P. | Kinder bis 14 J./Kinderwagen/Fahrräder frei | Moped/Motorrad 0,80 € | PKW 1,10 € | PKW-Hänger 0,80 €

Havelfähre Pritzerbe

Schon seit dem 14. Jahrhundert verbindet eine Fähre den kleinen Ort Pritzerbe mit dem benachbarten Kützkow auf der anderen Seite der Havel. Heute gehören beide als Ortsteile zur 3.200-Einwohner-Stadt Havelsee, die inmitten des Naturparks Westhavelland zwischen Brandenburg an der Havel und Premnitz liegt. In den Sommermonaten setzt der städtische Fährmann hier auf seiner dieselbetriebenen, kettengeführten Fähre täglich bis zu 500 Personen und 100 Fahrzeuge über. Die meisten von ihnen sind sicher Kützkower, die sonst 30 Kilometer über holprige Feldwege bis zur nächsten Brücke fahren müssten, um die Bundesstraße B 102 und damit den Anschluss an den Rest der Welt zu erreichen. Aber auch für Auswärtige gibt es Gründe, die dreiminütige Havel-Überfahrt zu wagen: Natur, Erholung oder Abenteuer zum Beispiel. Auf dem westlichen Havelufer bietet der Erlebnishof Kützkow mit Campingplatz, Boots- und Fahrradverleih, Kneipp-Gesundheitspfad, Straußenfarm, Hofladen und Gaststätte »Zum Nussbaum« verschiedene Möglichkeiten, sich (aktiv oder müßiggängerisch) an der frischen Luft zu erholen. Als Ziel für eine Kanutour bietet sich das kleine Künstlerdorf Bahnitz an, das knapp vier Kilometer nordwestlich in Richtung Premnitz liegt; hier gibt es eine hübsche Uferpromenade, ein Café und eine Kunsthalle mit wechselnden Ausstellungen. Wer lieber in Kützkow bleiben möchte, kann sich bei einer Führung über den Erlebnishof am Anblick der über 50 Strauße und der kleinen Zwergzebu-Herde erfreuen, die hier in beschaulicher Umgebung leben.

Auch das gegenüberliegende Pritzerbe bietet einiges an Freizeitwert: Im »Bootshaus« (Havelstraße 24, www.bootshaus-pritzerbe.de) werden Ruder-, Tret- und Motorboote vermietet, bei »Funboot Havelsee« (Dammstraße 15,

Fährmann, hol über!

Blick auf die Havel

www.funboot-havelsee.de) sind führerscheinfreie Hausboote im Angebot (110–150 Euro/Tag zzgl. Strom, Benzin und Abwasser – eine frühzeitige Reservierung ist empfehlenswert). Kultureller Höhepunkt des Ortes ist die Pritzerber Rohrweberei (die letzte ihrer Art in Deutschland) mit einem dazugehörigen Museum (Marzahner Chaussee 6, www.rohrweberei.de). Hier wird Schilfrohr aus der Region ganz traditionell auf Handwebstühlen zu Rohrmatten und anderen Produkten verarbeitet. Werkstatt, Museum und Shop sind ganzjährig werktags von 8–16 Uhr geöffnet, das Museum von April bis Oktober auch an den Wochenenden von 10–17 Uhr. Zur Rohrweberei gehört ein weitläufiges Außengelände mit einem netten Kinderspielplatz.

Fähre Pritzerbe
Havelstraße, 14978 Havelsee OT Pritzerbe, www.havelsee.de/oeffentliches/fahrplaene/
Fährbetrieb ganzjährig, Mai–Sep Mo–Fr 4.50–22.30 Uhr, Sa 6.30–24 Uhr, So & Feiertage 7–22.30 Uhr, jeweils nach Bedarf bzw. im 20-Minuten-Takt.
Preise: Einzelfahrt 0,60 € p. P. | Auto 2 €

Erlebnishof Kützkow
Fährstraße 7, 14798 Havelsee OT Kützkow, Tel.: 033834/513 45
www.erlebnishof-kuetzkow.de
Geöffnet: Mrz Do–Mo 11–22 Uhr, Apr–Jun & Sep–Okt Mi–Mo 11–22 Uhr, Jul–Aug täglich 11–22 Uhr
Preise: Ruderboote ab 5 €/Std. | Kanus ab 15 €/3 Std. | Camping 4 €/Zelt | 2,50 €/Person | Übernachten im Mobilheim 30 € / Nacht

Kahnfahrten im Spreewald

Seitdem Menschen in dem von Wasserläufen durchschnittenen Spreewald siedeln, haben sie das Trennende zum Verbindenden gemacht – und die Flussarme zu Wasserstraßen. Das natürliche Fortbewegungsmittel im Spreewald ist seit jeher der Kahn. 9,5 Meter lang, maximal 1,9 Meter breit, ohne nennenswerten Tiefgang, um auch flache Kanäle befahren zu können, und mit Staken vorwärtsgeschoben – das ist der typische Spreewaldkahn. Bis heute ist er überall im Einsatz, transportiert Waren wie Gäste, im Sommer kommt mancherorts sogar die Post per Kahn.

So wundert es kaum, dass auch viele der Spreewaldbesucher es vorziehen, dessen Schönheit auf die traditionellste Weise kennenzulernen. Und was liegt näher, als eine solche Erkundung in Lübbenau zu beginnen? Immerhin trägt das Städtchen, das mittlerweile 700 Jahre alt ist, den Beinamen »Tor zum Spreewald«. Östlich von Lübbenau, das im Oberspreewald liegt, erstreckt sich das Große Fließ mit zahllosen natürlichen und künstlichen Wasserarmen, Kanälen, kleinen Inseln, Feuchtwiesen und moorartigen Wäldern. Längst nennt sich Lübbenau selbstbewusst Stadt der Kahnfahrten. An den insgesamt fünf Häfen der Stadt lassen sich Touren aller Art beginnen – Grill- und Picknickfahrten, Abenteuerfahrten mit Schnipseljagd, Fahrten im mit Heu gefüllten Kahn, Herbst- und Winterkahnfahrten und sogar Paddelkahnfahrten, bei denen die Gäste ihr Tempo selbst bestimmen. Am beliebtesten sind aber nach wie vor die »klassischen« Rundfahrten in die umliegenden Spreewalddörfer Lehde und Leipe oder auf die Wotschofska, eine der typischen Spreewaldinseln. »Gondoliere« Kay Stiller von »Spreewald Kahnfahrten« etwa bietet für jeden Spreeenthusiasten das Passende an – von der zweistündigen Schnup-

Winterstimmung

Traditionell: Fahrt mit dem Spreewaldkahn

pertour durch Lehde bis zur achtstündigen Rundfahrt in den Hochwald mit mehreren Landgängen. Bei der Hochwaldtour gastieren die Kahnfahrer übrigens in der Pohlenzschänke, dem ältesten Wirtshaus des Spreewaldes (www.pohlenzschaenke.de). Abfahrt ist immer vom Großen Spreewaldhafen.

Was den Mitreisenden auf einer Kahnfahrt im Spreewald erwartet? Einer hat es so beschrieben: »Die letzten Häuser von Lehde liegen hinter uns, und wieder dehnen sich Wiesen zu beiden Seiten aus, nur hier und da durch Erlengruppen oder ein paar einzelnstehende Eichen unterbrochen. In südöstlicher Richtung geht es stroman, eine Biegung noch und jetzt eine zweite, bis sich unser Flachkahn durch allerlei Tang und Kraut in einen schmalen und gradlinigen Kanal einschiebt, der die Verbindungsstraße zwischen den zwei Hauptarmen der Spree bildet.« Diese Zeilen stammen von keinem Geringeren als Theodor Fontane, der den Spreewald 1859 besuchte. Bis heute hat der Spreewald nichts von diesem Charme verloren. Doch am besten überzeugt man sich selbst.

Spreewald-Kahnfahrten Kay Stiller
Boblitzer Schulstraße 2b, 03222 Lübbenau/Spreewald, Tel.: 0172 / 245 53 95
www.spreewald-kahnfahrten.de
Preise: Schnuppertour (2 Std.) 10 € p. P. | Kinder 5 €, Wotschofska-Rundfahrt (4 Std.) 13,50 € p. P. | Kinder 6,75 €, Hochwald-Rundfahrt (8 Std.) 25 € p. P. | Kinder 12,50 €

Fähre Strausberg

Vom Bahnhof aus führt der Weg entlang der alten Stadtmauer in Strausbergs Fußgängerzone und zur Anlegestelle der denkmalgeschützten Fähre über den Straussee. Seit 1894 bringt eine Fähre bis zu 100 Fahrgäste von hier aus auf die andere, im Wald gelegene Seeseite. Zunächst mit Muskelkraft bewegt, ist das Schiff seit 1915 strombetrieben. Die heutige Fähre ist seit 1967 im Einsatz und bringt Ausflügler mittels einer Oberleitung und zweier Stahlseile in sieben Minuten die 350 Meter ans andere Ufer. Denkmalgeschützt ist die Fähre, weil sie deutschlandweit die einzige Personenseil-Fähre mit elektrischem Antrieb ihrer Art ist.

Für Ausflügler bietet es sich an, die eine Hälfte des wunderschönen, gut vier Kilometer langen Waldwegs, der am Ufer des Straussees entlangführt, zu Fuß zurückzulegen und dann gemütlich mit der Fähre zurück in die Stadt zu fahren. Bei schönem Wetter lohnt unbedingt ein Besuch im nahe gelegenen Seebad. Auch die gemütliche Strausberger Altstadt lädt zu einem Bummel zwischen kleinen Häuschen, durch Torbögen und über schöne Plätze ein.

Aber selbst in der kälteren Jahreszeit lohnt ein Besuch in Strausberg. Die Fähre nimmt auch in den Wintermonaten an den Wochenenden ihren Dienst auf und pendelt halbstündlich über den See. Wenn es zu kalt für ein Bad ist, dann lädt das Heimatmuseum Strausberg dazu ein, sich die Geschichte der Stadt, die sich noch einiges von ihrem mittelalterlichen Charme bewahrt hat, erzählen zu lassen. Folgt man dem Promenadenweg von der Fähranlegestelle in Richtung Seebad und macht sich damit schon auf zum Rundweg um den See, erwartet einen nach etwa zehn Minuten Fußweg das kleine weiße klassizistische Stadthaus, erbaut 1820, das das Museum beherbergt. Zur Stär-

Uferweg am Straussee

Fähre im Einsatz

kung mit Kuchen und warmen Getränken lädt im Anschluss das Literatur- und Kunstcafé Litera (www.cafe-litera.de) in der Strausberger Innenstadt ein. Dort kann man sich bestens bei spanischer Tangomusik ausruhen, zwischen Fachwerkwänden und gefüllten Bücherregalen, die zum Festlesen einladen.

Wer das Wasser gerne mit der Luft kombinieren möchte, für den bietet sich ein Besuch auf dem 1927 gegründeten Strausberger Flugplatz und dem angegliederten Flugplatzmuseums an. Der lange militärischen Zwecke unterstellte Flugplatz wird seit 1992 ausschließlich zivil genutzt, hauptsächlich von Segelsportfliegern, ab und an aber auch von Geschäftsreisenden.

Fähre Strausberg
Fähranlegestelle Karl-Liebknecht-Straße, 15344 Strausberg
Tel.: 03341 / 31 10 66 (Stadt- und Touristeninformation Strausberg), www.stadt-strausberg.de
Fährbetrieb ganzjährig, in den Wintermonaten nur an den Wochenenden und an Feiertagen mit eingeschränktem Fahrplan
Preise: Erwachsene 1,30 € | Kinder 1 € | Fahrrad/Hund 1 € | 25% Ermäßigung p. P. für Gruppen ab 10 Personen

Heimatmuseum Strausberg
August-Bebel-Straße 33, 15344 Strausberg, Tel.: 03341 / 236 55
www.stadt-strausberg.de
Öffnungszeiten: Di–Do 10–12 Uhr und 13–17 Uhr
Eintritt: 2 € | erm. 1 €

Havelfloß am Ufer

Auf Tom Sawyers Spuren: Flöße und Hausboote

Havelfloß

Nicht ohne Grund begegnet man in diesem Buch immer wieder der Wasserstadt Brandenburg an der Havel. Unter den unzähligen Möglichkeiten, die Stadt und das Umland vom Wasser aus zu entdecken, ist das Floßfahren sicherlich die spektakulärste. Mitten in der Innenstadt, direkt vor der Pension mit dem treffenden Namen »Havelfloß« und in unmittelbarer Nähe zur Jahrtausendbrücke, liegen sieben geräumige »Flöße« vor Anker, mit denen man für einen oder mehrere Tage in See stechen kann. Die führerscheinfreien Hausboote werden von 6-PS-Außenbordmotoren angetrieben und schwimmen auf einem Katamaran-Unterbau. Das skandinavisch inspirierte Design haben die Betreiber selbst entworfen. Unter dem gewölbten Dach des wind- und wasserdichten Holz-Häuschens, das in der Mitte des Floßes steht, findet sich alles, was man unterwegs braucht: Gasherd, Küchenutensilien, Trocken-WC, gepolsterte Bänke und Einbauschränke. Bemerkenswert ist die im Vergleich zu anderen Anbietern großzügige Deckenhöhe von 1,90 Metern. Nachts können Tisch und Bänke zu Liegeplätzen für bis zu fünf Erwachsene umgebaut werden – das ist auch nötig, denn die Havelflöße werden während der Hauptsaison grundsätzlich nur von 14 bis 12 Uhr, also mit Übernachtung, vermietet.

Tourenvorschläge und Gewässerkarten erhält man bei der Einweisung. Eine reizvolle Mehrtagestour führt zum Beispiel über die Havelseen bis nach Werder und weiter in die Landeshauptstadt Potsdam. Wer lieber erstmal eine kleinere Tour machen will, der ist gut beraten, Kurs in Richtung Norden zu nehmen und über Niederhavel und Kleinen Beetzsee den Beetzsee anzusteuern. Dort fährt man vorbei an den Tribünen der auch überregional bekann-

Unterwegs mit Hund

Havelfloß in voller Länge

ten Regattastrecke, auf der 2009 die Kanu-Rennsport-Europameisterschaften ausgetragen wurden, und kann dann den langgestreckten See mit seiner abwechslungsreichen Uferlandschaft erkunden. An seiner tiefsten Stelle ist der Beetzsee neun Meter tief, im Durchschnitt sind es aber nur drei. Man findet viele schöne Stellen, die sich anbieten, um vor Anker zu gehen – sei es zum Baden oder für die Nacht. Nur beim Angeln sollte man hier vorsichtig sein und nicht dem Beispiel von Fritze Bollmann folgen: Einem Volkslied zufolge ertrank dieser schon zu Lebzeiten als lokale Witzfigur verspottete Brandenburger Barbier Ende des 19. Jahrhunderts, als er beim Versuch, seine Angel aus dem Beetzsee zu fischen, ins Wasser fiel.

In der Nebensaison können die Flöße auch für eine Tagestour gebucht werden. Wer trotzdem vor Ort übernachten möchte, ist in der Pension Havelfloß gut aufgehoben. Es lohnt auf jeden Fall, sich vor oder nach dem Floßabenteuer Zeit für einen Stadtbummel durch Brandenburg zu nehmen: Zumindest den 850 Jahre alte Dom Peter und Paul, das Altstädische Rathaus mit der berühmten Roland-Figur und das Archäologische Landesmuseum im Paulikloster sollte man sich nicht entgehen lassen.

Pension Havelfloß
Altstädtische Fischerstraße 2, 14770 Brandenburg an der Havel, Tel.: 03381 / 26 90 22
www.pension-havelfloss.de
Bootsvermietung ganzjährig. Mietzeit jeweils 14–12 Uhr, Okt–Apr auch Tagescharter möglich
Preise (pro Tag und Floß): Nov–Mrz 75 € | Apr & Okt 109,50 € | Mai 120 € | Jun & Sep 135 € | Jul & Aug 159 €. Ab dem 2. Tag Rabatte auf den Tagespreis.

Huckleberry Tours

Bedingt durch seine Lage in der Landeshauptstadt gehört Huckleberry Tours zu den beliebtesten Anbietern von Floßfahrten auf brandenburgischen Gewässern. Im Jahr 2014 wurde die Flotte um vier auf inzwischen 20 Flöße aufgestockt; dennoch kann die Nachfrage insbesondere in den Sommermonaten nicht immer befriedigt werden. Wer also von Potsdam aus in See stechen will, tut gut daran, rechtzeitig zu reservieren.

Die Huckleberry's-Flöße werden mit einem (führerscheinfreien) Außenbordmotor betrieben. Unter dem Dach der 1,55 Meter hohen Hütte können bis zu acht Personen sitzen; bei schönem Wetter gibt es zusätzlich Platz auf dem Holzdach oder auf dem »Sonnendeck«. Je nach Witterung können die Tür- und Fensteröffnungen der Hütte durch herunterrollbare Planen verschlossen werden. Proviant und Ausrüstung werden in Kisten unter den Sitzbänken verstaut, die bei Bedarf auch zu einer etwa zwei mal zwei Meter großen Liegefläche umgebaut werden können. Man kann die Flöße entweder für einen Tag (von 10–19 Uhr) oder für eine oder gleich mehrere Übernachtungen buchen. Bei einer Spitzengeschwindigkeit von etwa zehn Stundenkilometer bieten sich in der Nähe verschiedene Ziele für einen gemütlichen Tagesausflug an. Richtung Norden kann man unter der Glienicker Brücke hindurch Richtung Wannsee und Pfaueninsel schippern, vorbei an Park und Schloss Babelsberg und der Sacrower Heilandskirche.

Richtung Süden geht es an der Halbinsel Hermannswerder vorbei über den Templiner See bis nach Caputh oder noch weiter in Richtung Ferch oder Werder. Dabei führt der touristisch reizvolle Wasserweg zunächst durch die Potsdamer Innenstadt, an der Freundschaftsinsel und dem markanten Ho-

Spaß in der Gruppe

Familienabenteuer

tel Mercure vorbei. Da man auf dem Floß Fahrräder mitführen kann, lassen sich unterwegs auch ausgedehnte Landausflüge realisieren. Reizvoll ist es aber auch, einfach an einer ruhigen Stelle am Ufer vor Anker zu gehen und das Floß als Badeinsel zu benutzen. Beliebt sind zudem »Event-Touren«, etwa für Kindergeburtstage oder Junggesellenabschiede.

Eine Wasserwanderkarte gehört zur Floßausstattung, genauso wie Schwimmwesten, zwei Anker, ein Sanitätskasten, Bootshaken und Paddel. Weiteres Zubehör wie Gaskocher, Campinggeschirr, eine (sehr einfach konstruierte) »Trockentoilette«, ein LED-Beleuchtungskit (bei Nachtfahrten Pflicht), eine Heizung oder ein Grill können hinzugebucht werden. Auch Benzin wird extra berechnet. Zu beachten ist, dass von der bezahlten Zeit immer etwa eine Stunde für die Einweisung und Übergabe des Floßes abgeht. Da jeweils alle Mieter des Tages gleichzeitig abgefertigt werden, kann es unter Umständen auch etwas länger dauern. Wer viel Gepäck mit sich führt, sollte zudem etwas Zeit für den Weg vom (kostenpflichtigen) Parkplatz bis zur Anlegestelle einplanen.

Huckleberry Tours
Floßstation Potsdam, Schiffbauergasse 9, 14467 Potsdam
Tel.: 030 / 20 67 49 02 (Mo–Fr 10–12 & 13–15 Uhr). Buchung am besten online.
www.huckleberrys-tour.de
Ganzjährig geöffnet
Preise (pro Floß): Tagescharter (10–19 Uhr) oder Übernachtung (13–9 Uhr): Nov–Mrz 80 € | Apr & Okt. 112 € | Mai 120 € | Jun & Sep 144 € | Jul & Aug 160 €
Aufschlag Sa, So & Feiertage: 16–32 € je nach Saison.

Lausitzfloß

Der Senftenberger See ist so etwas wie der Mittelpunkt des Lausitzer Seenlands. Unter den mehr als 20 Seen, die hier durch Flutung ehemaliger Braunkohle-Tagebaue entstanden sind oder noch entstehen werden, ist er der größte und älteste. Erschließen lässt sich der See entweder vom Stadthafen Senftenberg aus (↑ S. 36–37) oder vom Wassersportzentrum Senftenberger See im Ortsteil Großkoschen am südlichen Ufer. Hier kann man Paddel-, Tret- und Segelboote mieten, Motorboot- und Segelkurse absolvieren – oder auf den Spuren von Tom Sawyer und Huckleberry Finn ein Floß besteigen …

Die Flöße des Anbieters Lausitzfloss ähneln in Aufbau und Größe den Huckleberry-Flößen aus Potsdam. Mittels eines 5-PS-Außenbordmotors lassen sie sich leicht (und führerscheinfrei) manövrieren. Sie sind zugelassen für bis zu acht Personen, die auch bequem Platz in der vier Quadratmeter großen Hütte finden. Bei schönem Wetter ist natürlich die durch eine umlaufende Seilreling abgegrenzte Plattform der attraktivere Aufenthaltsort. Sonnenhungrige können auch das stabile Dach der Hütte als zusätzliche Liegefläche nutzen – oder von hier aus direkt ins klare Wasser des Sees springen.

Bei Regen oder kühleren Temperaturen können Türen und Fenster der Floßkajüte mit herunterrollbaren Planen verschlossen werden. Wenn man die Sitzgruppe zu einer Liegefläche umbaut, können auf dem Floß bis zu vier Personen übernachten – das ist allerdings »auf hoher See« nicht erlaubt, sondern ausschließlich am Anleger des Wassersportzentrums und an sechs weiteren Anlegepunkten, die auf der zur Ausstattung gehörenden Seekarte zu finden sind. Das hat den Vorteil, dass man dort über alle Vorteile der Zivilisation (wie Duschen und Toiletten) verfügen kann.

Anleger im Wassersportzentrum

Auf dem Senftenberger See

Ob Nachttour, Picknick-Fahrt oder Badespaß, eine Fahrt über den Senftenberger See ist immer ein Vergnügen. Über den Koschener Kanal kann man aber auch noch andere Gewässer ansteuern, den benachbarten Geierswalder See zum Beispiel, der wiederum mit weiteren Seen verbunden ist. Die Fahrt durch den Koschener Kanal ist für Landratten ein kleines Abenteuer, weil hierbei zwei Tunnel und eine Selbstbedienungsschleuse (Betriebszeiten täglich 9–19 Uhr) durchfahren werden müssen. Zahlreiche Verkehrszeichen und Hinweistafeln sorgen zum Glück für Durchblick.

Wem der Sinn nicht nach der ganz großen Fahrt steht, der steuert das Nordufer des Senftenberger Sees an, kehrt dort im Stadthafen mit Wasserblick ein und unternimmt vielleicht noch einen kleinen Bummel durch die historische Altstadt rund um den Alten Markt. Wer länger in der Gegend bleiben möchte, findet in der Nähe des Wassersportzentrums den »Familienpark Senftenberger See« mit zahlreichen Ferienhäusern und Campingstellplätzen, unmittelbar in der Nähe eines Badestrands (www.familienpark-see.de). Übernachten kann man dort in Mehrbettzimmern, Campinghütten oder auf der Zeltwiese.

Lausitzfloß
Charterstation: Wassersportzentrum Senftenberger See
Straße zur Südsee 2, 01968 Senftenberg OT Großkoschen, Tel.: 0160 / 99 15 83 76
www.lausitzfloss.de
Fahrten von Apr–Okt | Preise: je nach Saison ½ Tag 65–80 € (10–14 oder 15–19 Uhr) | 1 Tag 95–130 € (10–19 Uhr) | ½ Tag & Nacht 85–120 € (15–9 Uhr). Ab dem 2. Tag Rabatte auf den Tagespreis.

Natur-Floß

Die Natur-Flöße haben ihren Heimathafen ganz im Nordwesten von Brandenburg, auf dem Natur-Campingplatz am Ellbogensee in Großmenow in der Nähe von Fürstenberg. Der Verleih bietet drei rustikale Flöße in zwei verschiedenen Größenordnungen an. Die Grundfläche der beiden kleineren misst drei mal sieben Meter und bietet fünf Personen die Möglichkeit zu übernachten. Das größere Floß ist 3,5 mal 8,5 Meter groß; auf ihm können vier Erwachsene und zwei Kinder schlafen. Werden die Flöße nur für den Tag gebucht, können sogar bis zu zwölf Personen mitfahren. Alle Flöße sind mit einer Bio-Trockentoilette in einem separaten Raum ausgerüstet (keine Sorge, hier duftet es angenehm nach Kiefernsägespänen) und verfügen über einen Steuerstand, eine Küche (bei der kleineren Variante eine Campingküche, bei der größeren eine Küchenzeile mit zweiflammigem Herd und Spüle) sowie eine Feuerschale mit Grillrost.

Das Anliegen von Natur-Floß ist es, Natur und Mensch wieder näher zusammenzubringen, Natur erlebbar zu machen. Auf dem Wasser treibend lassen sich die leichten Bewegungen des Wassers genießen und beim Angeln oder Baden kann man gut entspannen.

Da Naturschutz und Nachhaltigkeit großgeschrieben werden, hat man beim Bau der Flöße natürlich auf giftige Klebstoffe und Holzimprägniermittel verzichtet.

Vermietet werden aber nicht nur Natur-Flöße, sondern auch Natur-Kanus, genauer gesagt: anfänger- und familienfreundliche Kanadier. Die Boote sind etwas breiter gebaut als üblich, dadurch kann man nicht so leicht kentern. Der kleine Kiel, der zusätzlich vorne und hinten angebracht wurde, erleichtert es

Natur pur erleben

Ein Ausflug der besonderen Art

Kanu-Neulingen, die Spur zu halten. Ein besonderer Spaß ist es, zusätzlich zum Floß auch einen Kanadier im Schlepptau zu haben, mit dem man dann auch etwas abgelegenere Gefilde erkunden kann, zum Beispiel die Schwanenhavel. In diesem Havelzufluss, der mit seinen vielen Kurven schon etwas anspruchsvoller zu meistern ist, erlebt man Natur und Wildnis pur. Da kann es durchaus auch mal passieren, dass ein Baum genau dort liegt, wo man durchfahren möchte, oder ein Eisvogel seine Runden dreht. Der Name »Schwanenhavel« stammt übrigens aus dem Slawischen und soll übersetzt so viel heißen wie »lebendiger Fluss«.

Natur-Floß empfiehlt Touren auf der Kleinseenplatte, deren eine Hälfte in Brandenburg liegt und die andere in Mecklenburg-Vorpommern: Start ist in Großmenow, dann geht es die Havel aufwärts Richtung Wesenberg, über die Schwanenhavel nach Wustrow. Als Nächstes fährt man über den motorbootfreien Grobenowsee und den Rätzsee, weiter über die Fleether Mühle in den Labussee und über Canow und Strasen wieder auf den Ellbogensee zurück. Für diese wunderschöne Rundstrecke sollte man etwa vier bis fünf Tage einplanen.

Natur-Floß
Natur-Camping am Ellbogensee
Großmenower Straße 16, 16798 Großmenow, Tel.: 0173 / 432 09 17
www.natur-floss.de
Preise: je nach Floß und Saison 199–499 €/Wochenende | 399–999 €/Woche.

Spreebummler

Der Spreewald ist fraglos eines der beliebtesten Reviere für Wasserwanderer in Brandenburg, wenn nicht gar in Deutschland. Vor allem der im Süden liegende Oberspreewald ist gerade in den Sommemonaten ein Mekka für Kajaks, Kanus und Faltboote. Wer sich lieber fahren lässt, ist zumeist auf die Anbieter von Kahnfahrten angewiesen. Naturverliebte und zugleich gemütliche Reisende müssen den Spreewald aber nicht ausklammern: In Hohenbrück, das im – weniger befahrenen, aber keineswegs weniger schönen – Unterspreewald liegt, wird ihnen geholfen. Am Ufer des Neuendorfer Sees (Zugang über: Am Strand 1, 15913 Märkische Heide OT Hohenbrück) liegen drei Flöße, die Michael Franke liebevoll Spreebummler genannt hat, und warten auf Gleichgesinnte.

Der studierte Forstingenieur hat im nahen Wasserburg ein Abenteuercamp mit den Namen »Bogenbiwak« ins Leben gerufen und einen Bogenparcours eingerichtet. Doch zurück zu den Flößen im Waldcamp: Nach einer kurzen Einweisung können sich die Hobbyflößer mit den wendigen Gefährten auf den Weg machen. Alle Flöße sind ausgestattet mit einem Haus, dessen Inneres durch Einleger zu einem 2,2 mal 1,8 Meter großen Bett verwandelt werden kann. Dazu kommen Kocher, Geschirr, Campingtoilette, Notfallpaddel, Rettungswesten und natürlich ein 5-PS-Motor, der die Reisegesellschaft in Fahrt bringt. Auf einer Tagestour können auf dem Floß bis zu acht Personen mitfahren, bei einer mehrtägigen Reise finden zwei Erwachsene und zwei Kinder bequem Platz. Wer nur einen Tag Zeit hat, wird sich mit einer größeren Runde über den Neuendorfer See begnügen müssen, aber flache und durch viele Buchten geprägte Ufer laden immer wieder zum Ankern ein. Dank mehrerer

Floß ahoi!

Spreewaldlandschaft

Campingplätze rund um den See kann man auch einen kurzen Seeurlaub mit einer Floßfahrt kombinieren.

Ein richtiges Abenteuer wartet auf jene, die sich auf die mehrtägige Reise über die Krumme Spree machen und den Schwielochsee ansteuern, das größte natürlich entstandene Binnengewässer Brandenburgs. Und die Spree macht ihrem Namen auf diesem Abschnitt alle Ehre: Sie schlängelt sich am Nordrand des Spreewaldes entlang durch waldreiches Gebiet. Es geht vorbei an den Dörfern Alt-Schadow, Werder, Kossenblatt, Briescht und schließlich Trebatsch, ehe man in den Schwielochsee einfährt. Unterwegs lässt sich vielerorts einkehren und auch Sehenswertes entdecken. Wie das Museum in Trebatsch zu Ehren des wohl berühmtesten Spreewälders: dem Australienreisenden Ludwig Leichhardt (Sawaller Straße 2a, Tel.: 033674 / 220, Februar bis April: Dienstag und Donnerstag 10 bis 15 Uhr, Mai bis Oktober: Dienstag bis Donnerstag 10 bis 16 Uhr, Freitag 10 bis 14 Uhr, Sonntag 13 bis 16 Uhr). Und auch Goyatz am Südende des Schwielochsees bietet neben der Gelegenheit zur Stärkung im Gasthaus Hafenterrasse (Am Bahnhof 31, www.hafenterrasse-goyatz.de) mit einem Dampfmaschinenmuseum (Wiesengrund 1, Tel.: 035478 / 120 53, Führungen nach Voranmeldung!) auch ein kulturgeschichtliches Highlight.

Zum Bogenbiwak

Dorfstraße 25a, 15910 Krausnick - Groß Wasserburg, Tel.: 035473 / 21 24 oder 0172 / 697 14 44

www.zumbogenbiwak.de

Öffnungszeiten: Apr–Sept | Start jeweils 10 Uhr auf dem Waldcamp Seeblick

Preise: 75–95 €/Tag | 5–10 % Rabatt bei Mehrtagesfahrten

TreibGuT

6

Etwa 80 Kilometer nördlich von Berlin erstreckt sich das Ruppiner Wald- und Seenland. Mit dem größten unter den aufgereihten Gewässern, dem 14 Kilometer langen Ruppiner See, teilt die Landschaft ihren Namen. An seinem nordwestlichen Ufer liegt die Fontanestadt Neuruppin. Auch wenn die einstige preußische Garnisonsstadt zweifellos einen Besuch wert ist, erfreut sich das Ruppiner Land doch vor allem wegen seiner natürlichen Reize großer Beliebtheit. Wer diese entdecken und zugleich Seele und Beine baumeln lassen will, kann dies von Molchow aus tun, denn von hier aus starten die Gefährte des Floßverleihs TreibGuT. Und die haben es in sich: Sie sind ausgestattet mit einer komplett abschließbaren Kajüte (2,5 mal 2,5 Meter) – wofür man besonders in mückenreichen Abendstunden überaus dankbar ist –, in der neben Stauraum und Schlafgelegenheiten auch eine kleine Küche untergebracht ist. Das Dach ist begehbar und wird so zur Sonnenterasse. Dazu kommt eine knapp 3 mal 3 Meter große Freifläche mit Tisch und Sitzgelegenheiten. Auch eine Toilette ist an Bord. Angetrieben wird das Floß von einem 8-PS-Außenbordmotor, für den man keinen Motorbootführerschein benötigt. Teilzeitflößer erhalten außerdem Rettungsequipment, ein Nebelhorn, einen Anker, ausreichend Sprit und Wasserwanderkarten. Bei einer Tagestour können bis zu zehn Personen auf einem Floß mitfahren, auf mehrtägigen Fahrten bietet es vier bis fünf Erwachsenen problemlos Platz. Dank eingebauter Klappbetten verwandelt sich die Kajüte nachts zum Bett – und das Floß zum schwimmenden Schlafzimmer.

Und dann gilt es, sich zu entscheiden, wohin die Reise gehen soll: Zum Beispiel nach Norden, zu den stillen Waldseen der Ruppiner Schweiz, inmit-

Ausblick vom »Sonnendeck«

Im Ruppiner Seenland

ten dichter, natürlicher Wälder, die sich über die sanft hügelige Landschaft erstrecken. Erste Gelegenheit zur Stärkung bietet sich bereits am Zermützelsee in der Waldschenke Stendenitz (www.waldschenke-stendenitz.de). Von hier aus kann man weiter nach Norden zum Tornowsee oder in östlicher Richtung über den Rhin zum Möllen- und dann dem Gudelacksee flößen. An dessen Westufer liegt Lindow, das sogar über einen eigenen Yachthafen verfügt. Direkt am Wasser findet man mit dem Gasthaus am Gudelacksee (www.gasthaus-gudelacksee.de) eine Einkehrmöglichkeit.

Wer sich von Molchow nach Süden wendet, den erwartet eine abwechslungsreiche Wiesen- und Kulturlandschaft. Man gelangt zunächst – ebenfalls über den Rhin, der die Seen durchfließt und verbindet – vorbei an Alt Ruppin in den Ruppiner See. Ein Abstecher nach Neuruppin bietet sich ebenso an wie ein Halt in Wustrau am Südende des Sees. Hinter dem sich anschließenden Bützsee geht es rechts auf dem Alten Rhin in Richtung Linum und links auf dem Kremmener Rhin zum Kremmener See.

Floßverleih TreibGuT
Dorfplatz 2, 16827 Molchow
Tel.: 0160 / 96 76 96 91
www.flossverleih-treibgut.de
Preise: Tagestour bzw. 1 Übernachtung: 95–145 € | Jede weitere Übernachtung: 65–100 €

Unterwegs mit dem Hausboot

Für alle, die Brandenburg einmal länger, intensiver und vor allem urgemütlich genießen möchten, ist ein (Kurz-)Urlaub auf dem Hausboot genau das Richtige. Die eigenen vier Wände treiben auf dem Wasser und auf der Terrasse des Bootes oder durch die großen Fenster lässt sich die Natur in vollen Zügen genießen. Wenn der Abend dann beim Sonnenuntergang und mit einem guten Glas Wein auf dem Wasser schaukelnd ausklingt, ist Erholung garantiert.

Im Angebot sind – ganz grob gesprochen – zwei Typen von Hausbooten. Solche, die wie klassische Schiffe aussehen, und solche, die im wahrsten Sinne des Wortes kleine schwimmende Bungalows sind.

In Brandenburg gibt es gleich mehrere Verleiher von Hausbooten. Bis auf wenige Ausnahmen, wie zum Beispiel den Anbieter Havelhausboote, der auch Tagesausflüge ermöglicht, werden die Hausboote für mindestens ein Wochenende gemietet, wobei sich eine langfristige Reservierung empfiehlt, denn gerade in den Sommermonaten sind die Kurztrips heiß begehrt. Ein Bootsführerschein ist in der Regel für das Fahren eines Hausbootes keine Voraussetzung, für die Spree innerhalb Berlins und einige wenige Regionen in Brandenburg wird dieser jedoch benötigt. So ist die Müritz beispielsweise nur bis zu Windstärke 3 ohne Bootsführerschein befahrbar und es darf auch nicht auf allen Seen ohne Führerschein geankert werden. Die Hausboot-Verleiher, aber auch Wasserkarten informieren detailliert hierüber, genauso wie über Schleusen, auf die man in Brandenburg immer wieder trifft und die teils eigenständig bedient werden müssen – aber das ist selbst für blutige Anfänger kein Hexenwerk. Bevor man das Boot besteigt, erfährt man in einer ausführlichen Einführung alles Wissenswerte zum Steuern des Hausbootes. Einige

Abendstimmung im BunBo

Innenausstattung des BunBo

Verleiher setzen einen Charterschein voraus, der gegen eine geringe Gebühr in einem etwa dreistündigen Kurs gleich vor Beginn der Fahrt erworben werden kann und auch ein praktisches Fahrtraining beinhaltet, bei dem kleine Manöver, das An- und Ablegen und Ankerwerfen geübt werden. Aus Sicherheitsgründen sollten mindestens zwei Erwachsene an Bord sein, die das Boot lenken können.

Der Urlaub auf dem Hausboot bietet die Freiheit, sich seine Zeit selbst einzuteilen, einfach dort, wo es einem gefällt, auf dem Wasser zu treiben oder auch mit dem in der Regel 15 PS starken Motor längere Strecken zurückzule-

BunBo, Aquare Charter GmbH
Große Mühlenstraße 10
14774 Brandenburg-Plaue
Tel.: 03381 / 28 46 61
Ablegestationen: Brandenburg-Plaue, Fürstenberg, Vipperow, Lindow im Naturpark Stechlin

Voigt Marine Stadthafen Senftenberg bei Segtours
Steindamm 57, 01968 Senftenberg
Tel.: 03573 / 67 83 24 oder 0152 / 54 78 06 12
www.bootsvermietung-senftenberger-see.de
Ablegestation: Stadthafen am Senftenberger See

Nautilus Hausbootcharter
Grünauer Straße 57, 12557 Berlin
www.nautilus-hausbootcharter.de
Tel.: 030 / 24 35 55 87 oder 01577 / 892 92 98
Ablegestation: Berlin-Köpenick, Grünheide am Werlsee, Müritz

Havelhausboot GbR
Am Klostersee 13 b
14797 Lehnin
www.havelhausboot.de
Tel.: 03382 / 70 68 45
Ablegestation: Strandbad Lehnin

gen. Viele der Verleiher bieten an, das Hausboot an einem anderen Ort wieder abzuholen und ermöglichen es auf diese Weise, ganz Brandenburg zu erkunden.

So individuell, wie ein Hausboot-Urlaub gestaltet werden kann, sind auch die Angebote der brandenburgischen Verleiher. Aus diesem Grund werden in diesem Buch nur Anregungen und ein Überblick über einige ausgewählte Anbieter gegeben. Kleine Besonderheiten, die viele der Boote mit sich bringen, werden kurz vorgestellt, aber für die konkrete Planung des eigenen Urlaubs empfiehlt es sich, die Angebote in einer Genauigkeit zu studieren, die den Rahmen dieses Buches sprengen würde. Auch viele kleinere Bootsverleiher haben übrigens ein oder zwei Hausboote im Angebot. Wer sich für eine Fahrt in einem ganz konkreten Gebiet interessiert, der sollte daher unbedingt auch einen Blick auf die kleineren Anbieter in der jeweiligen Region werfen.

In der Regel bieten die Hausboote Schlafgelegenheiten für zwei bis sechs Personen. Auf Hausbooten, mit denen auch Tagesausflüge möglich sind oder die sich als besondere Location für eine Feier eignen, kommen bis zu zwölf Personen unter. Die Preise für ein Hausboot variieren je nach Ausstattung und Saison. Der Preis für ein Wochenende beginnt bei etwa 250 Euro, nach oben hin gibt es kaum Grenzen. Zu der Bootsmiete kommen der verbrauchte Treibstoff, Liegegebühren, eventuell Gasverbrauch und die Endreinigung hinzu. Extras wie Bettwäsche, Fahrräder, Kanus etc. hängen vom Angebot des jeweiligen Anbieters ab.

Wer vielleicht zunächst befürchtet, bei einem Urlaub auf dem Hausboot auf Komfort verzichten zu müssen, kann schnell beruhigt werden. Eine Toilette haben alle Hausboote an Bord, viele sind auch mit einer Warmwasserdusche

Havelhausboot

Badespaß auf einem Hausboot von Leboat

und einer Kochnische ausgestattet. In nahezu jedem Hafen können zudem sanitäre Anlagen genutzt werden, sollte beispielsweise keine Dusche an Bord sein. Wem das nicht genügt, der kann sich zum Beispiel bei Nautilus, LeBoat oder HB Rheinsberg umschauen. Hier werden neben Luxus-Hausbooten mit Sauna, Sonnendeck oder Fernseher auch Yachten angeboten, die europaweit fahren dürfen. Wer sich sogar für den Kauf eines Hausbootes interessiert, der wird bei Nautilus fündig. Hier kann realisiert werden, was das Herz begehrt – und der Geldbeutel hergibt, denn so ein Hausboot der Extraklasse kann mit einem kleinen Eigenheim auf festem Boden durchaus mithalten.

Leboat c/o Crown Blue Line GmbH
Theodor-Heuss-Straße 53–63
61118 Bad Vilbel, Tel.: 06101 / 557 91 12
www.leboat.de
Ablegestationen: Marina Wolfsbruch, Kleinzerlang bei Rheinsberg, Potsdam

Hausboote-MV/Reisebüro Grüße aus Atlantis
Fleischerstraße 5
17489 Greifswald, Tel.: 03834 / 85 53 39
www.hausboote-mv.de
Ablegestationen: Ketzin, Marienwerder, Potsdam, Zeuthen

Waterhus Hausboote
Veilchenweg 136
14772 Brandenburg an der Havel
Tel.: 03381 / 40 33 17
www.waterhus.de
Ablegestation: Brandenburg an der Havel

Märchenflotte
Sabine Bergerhof
Markengrund 56, 33689 Bielefeld
Tel.: 05205 / 307 76 82 oder 0177 / 873 63 02
www.maerchenflotte.de
Ablegestation: Havelsee OT Fohrde

Die Hausboote sind mit Badeplattformen und oft auch mit einem Sonnendeck ausgestattet. So lässt sich der Sommer in vollen Zügen genießen und mit dem Boot können Ecken zum Baden erreicht werden, die man von Land aus nur bewundern kann. Da sich dort, wo es Wasser gibt, gerne Insekten tummeln, sind die Fenster der Boote in der Regel mit Fliegengittern ausgekleidet und so ist auch der erholsame Schlaf auf dem Wasser garantiert.

Viele der Hausboote kann man auch im Frühjahr und Herbst mieten und man sollte sich von dem Gedanken, in der kälteren Jahreszeit einen Urlaub auf dem Boot zu planen, nicht vorschnell verabschieden. Die kältefesten Hausboote haben einen Führerstand im geschützten Innenraum und bieten speziell für die gemütliche Jahreszeit besondere Extras. Die Hausboote des Anbieters BunBo beispielsweise sind mit einem urigen Kaminofen ausgestattet, eines der Hausboote hat sogar einen Wintergarten, und die Feuerschale auf dem Deck tut ihr Übriges – wenn das kein außergewöhnlicher Entspannungsurlaub auch bei trüberem Wetter ist!

Auf der Terrasse des Hausbootes »Froschkönig« der Märchenflotte steht ein Hot Pot, ein rustikaler Zuber, in dem im Freien heiß gebadet werden kann und dessen Schornstein ein kleines Krönchen ziert – ein echter Froschkönig eben. Damit ist es mit dem Wohlfühl-Angebot aber noch nicht vorbei: Eine Sauna mit Licht-Therapie und Außendusche lassen mitten in der freien Natur entspannen. Im Inneren ist das Hausboot mit viel Holz ausgestattet. Ganz neu im Angebot der Märchenflotte ist das Hausboot »Jim Knopf«, das sogar ganzjährig gemietet werden kann. Ein Kaminofen sorgt in der kühleren Jahreszeit dafür, dass es gemütlich und warm auf dem Boot bleibt.

Wer statt Komfort eher auf Naturverbundenheit setzt, dem seien die Havel-Hausboote empfohlen. Ausgestattet mit einer Komposttoilette und Solar-

Hausboot der Märchenflotte

Nautilus-Hausboot

anlage, wird der Innenraum dieser Hausboote nur mit einer Plane verschlossen, das hat etwas von Zelten auf dem Wasser.

Für welche Hausboot-Variante Sie sich auch entscheiden, die Landschaft Brandenburg eignet sich hervorragend für solch einen Urlaub. Nicht nur bieten die zahlreichen ruhigen Gewässer schier unendliche Möglichkeiten bei der Streckenauswahl, Brandenburg hat auch kulturell entlang der Ufer viel zu bieten: Die Potsdamer Schlösserlandschaft lässt sich genauso erkunden wie das Schloss Rheinsberg oder der alte Stadtkern von Brandenburg. Landgänge, vielleicht sogar mit Fahrradtour, runden den Bootsurlaub ab.

Riverlodge
Yachtcharter Römer
Dorfstaße 7
17209 Buchholz an der Müritz
Tel.: 039923 / 716 88
www.riverlodge.de
Ablegestation: Papenberge bei Berlin-Spandau, Buchholz/Müritz

Kuhnle-Tours GmbH
Hafendorf Müritz
17248 Rechlin
Tel.: 039823 / 26 60
www: www.kuhnle-tours.de
Ablegestationen: Zeuthen, Zehdenick

Kajütboot auf der Havel bei Werder

Für Eilige: Touren mit dem führerscheinfreien Motorboot

Rund um Fürstenberg

Im Zentrum des Fürstenberger Seenlands liegt die namensgebende Stadt Fürstenberg fast wie eine Insel zwischen Röblin-, Baalen- und Schwedtsee. Die Obere Havel verbindet diese von dichten Wäldern umsäumten Gewässer und ermöglicht vielfältige Wasserausflüge durch die reizvolle Landschaft. Eine gute Ausgangsstation ist die Fürstenberger Alte Reederei, die direkt am Ufer der Gänsehavel liegt, einem kleinen Nebenarm der Havel. Hier kann man nicht nur Ferienwohnungen mieten oder sich im hauseigenen Café-Bistro stärken, sondern auch in See stechen: Die urig restaurierten Boote »Hänschen« (bis vier Personen), »Lenchen« (bis sieben Personen) oder »Julchen« (bis zehn Personen) stehen für gemächliche Touren auf einem der umliegenden Gewässer zu Verfügung. Mit an Bord sind neben Anker und Schwimmwesten auch Paddel bzw. Ruder – für den Fall, dass unterwegs der Sprit ausgehen sollte. Angesichts einer Tankreichweite von zehn bis zwölf Stunden ist das allerdings eher unwahrscheinlich.

Wer nicht selbst das Ruder führen möchte, kann sich auch von einem erfahrenen Skipper chauffieren lassen: Die kleine Yacht »Hermine« bietet unter ihrem festen Dach und auf dem Vorderdeck bequem Platz für zehn Personen, verfügt über ein eigenes WC und ist bei Bedarf auch beheizbar. Mit der »Hermine« sind individuelle Fahrten möglich – sei es, um an einer abgelegen Stelle zum Baden vor Anker zu gehen, oder um das etwa acht Kilometer entfernte Himmelpfort mit seiner Klosterruine zu besichtigen. Für die Zeit des Landgangs wird ein stark reduzierter Stundenpreis berechnet.

Während die Übernachtungsgäste der Alten Reederei auch die hauseigenen Kanus und Ruderboote nutzen dürfen, müssen Tagesgäste, denen

Julchen auf hoher See

Anleger der Alten Reederei

der Sinn nach körperlicher Betätigung auf dem Wasser steht, nach anderen Anbietern Ausschau halten. Wie gut, dass ganz in der Nähe das Haus an der Havel mit angeschlossenem Bootsverleih liegt. Von dort ist es nicht weit zum Fisch-Kanu-Pass in der Priesterhavel: Dieser abschüssige Kanal erspart sowohl Fischen als auch Kanuten die zeitaufwändige Passage durch die Fürstenberger Havelschleuse. Angetrieben von der Strömung fährt man über 50 Meter teilweise unter einer Brücke und Häusern hindurch – ein Abenteuer der besonderen Art.

Wer es etwas ruhiger angehen lassen möchte, kann beim Haus an der Havel auch ein 16 mal 4 Meter großes Floß chartern, auf dem bis zu 18 Personen einen gemütlichen Grillabend in einer abgelegenen Bucht verbringen können.

Alte Reederei
Brandenburger Straße 38, 16798 Fürstenberg/Havel, Tel.: 0172 / 322 74 21
www.altereederei.de
Ganzjährig geöffnet
Preise: führerscheinfreie Motorboote 15–30 €/Std. inkl. Treibstoff | Motoryacht »Hermine« 65 €/Std. inkl. Bootsführer und Treibstoff | Mindestmietdauer 2 Std.

Haus an der Havel
Schliemannstraße 6, 16798 Fürstenberg / Havel, Tel.: 033093 / 390 69
www.haus-an-der-havel.de

Rund um Mildenberg

Der Ziegeleipark Mildenberg, eine gelungene Mischung aus Freilichtmuseum und Freizeitpark, macht auf 42 Hektar Fläche deutlich, dass der Zehdenicker Ortsteil Mildenberg einst Heimat für das größte Ziegeleirevier Europas war. Zwischen 1890 und 1991 produzierten hier in Spitzenzeiten fast zwei Dutzend Betriebe Ziegelsteine in verschiedenen Formen und Größen. Ausschlaggebend für den Erfolg war neben dem großen Tonvorkommen in der Region auch die gute Erreichbarkeit auf dem Wasser. Über die Havel, beziehungsweise den parallel angelegten Voßkanal, gelangten die hier produzierten Ziegel direkt in die bauwütige Hauptstadt Berlin. Noch heute ist die Gegend zwischen Zehdenick und Mildenberg von zahllosen, zum Großteil unter Naturschutz stehenden Tonstichseen links und rechts der Havel geprägt. Es handelt sich dabei um die Gruben, aus denen der Ton für die Ziegelproduktion ausgehoben wurde und die im Lauf der Zeit mit Wasser vollgelaufen sind.

Anstelle von großen Schleppkähnen sind rund um Mildenberg heutzutage vor allem Freizeitsportler und -kapitäne unterwegs. Die direkt neben dem Ziegeleipark gelegene Marina Alter Hafen ist ein perfekter Ausgangspunkt, um die reizvolle Landschaft zu erkunden. Dabei mäandert die Havel in Richtung Norden bis zur Mecklenburgischen Seenplatte, gen Süden führt sie bis nach Oranienburg und weiter nach Berlin. Für einen entspannten Tagesausflug bietet sich das nahe gelegene Zehdenick als Ziel an. Nach etwa acht Kilometern Fahrt durch die idyllische Tonstichlandschaft locken hier einige Sehenswürdigkeiten und Einkehrmöglichkeiten. Noch vor der vollautomatisierten Schleuse, hinter der der eigentliche Ort beginnt, sieht man am linken Ufer die Marina Zehdenick mit ihren großen Steganlagen und einem denk-

Ziegeleipark Mildenberg

Marina Alter Hafen in Mildenberg

malgerecht restaurierten historischen Trockendock. Auch hier kann man übrigens Boote leihen (www.marina-zehdenick.de). Kurz dahinter macht die Havel einen scharfen Knick und die erwähnte Schleuse kommt in Sicht. Wer für einen Stadtbummel anlegen möchte, sollte dies am Stadthafen tun, der sich links vor der Schleuse befindet. Nach einer Stärkung im Restaurant »Da Vinci« geht es über die Schleusenstraße und die beiden um 1900 erbauten Kamelbrücken in Richtung der historischen Altstadt. Hinter den Brücken liegt das Museumsschiff »Carola« vor Anker, in dem man sich über die Geschichte der Flussschifffahrt informieren kann. Ein Stück weiter führt die Dammhastbrücke über die Havel – eine zweiflügelige Zugbrücke aus Eisen.

Marina Alter Hafen im Ziegeleipark Mildenberg
Ziegelei 11, 16792 Zehdenick OT Mildenberg, Tel.: 03307 / 42 05 04
www.marina-alter-hafen.de
Preise: führerscheinfreie Motorboote ab 25 €/Std. | Kanus & Kajaks ab 6 €/Std

Ziegeleipark Mildenberg
Ziegelei 10, 16792 Zehdenick OT Mildenberg, Tel.: 03307 / 31 04 10
www.ziegeleipark.de
Öffnungszeiten: Mitte Mrz–Okt täglich 10–17 Uhr
Preise: 8 € | erm. 4 €

Mit dem Solarboot auf dem Nesselpfuhl

Mit mehr als 50 Klarwasserseen und 100 Kilometern Wasserwanderwegen gehört der Naturpark Uckermärkische Seen zu den schönsten Wassersportrevieren Brandenburgs. Die Region rund um die alte Flößerstadt Lychen besticht durch mehrere glasklare Gewässer, auf denen motorisierter Verkehr weitgehend verboten ist. Wer sich hier dennoch nicht mit eigener Muskelkraft fortbewegen möchte, der kann auf die modernen Solarboote der Bootsvermietung am Nesselpfuhl zurückgreifen. Diese futuristisch anmutenden Klein-Katamarane verfügen über einen Solargenerator und vier Batterien, die einen 600-Watt-Motor antreiben und so bis zu vier Personen mit einer Geschwindigkeit von sechs bis sieben Stundenkilometern geräuschlos über das Wasser gleiten lassen. Gesteuert werden die (führerscheinfreien) Solarboote einfach per Hebel. Die Solarmodule wölben sich elegant über die Sitzflächen und dienen zugleich als Schattenspender.

Das Ganze ist nicht nur ökologisch vorbildlich, sondern auch äußerst entspannend. Die Reichweite der Batterien beträgt im Idealfall etwa acht Stunden, sodass man durchaus auch wagen kann, den Nesselpfuhl zu verlassen und einen Abstecher auf den Stadtsee, den Großen Lychensee oder den Oberpfuhlsee zu machen. Das Heck der Boote ist als Liegefläche gestaltet und verfügt über eine Badeleiter, die dazu einlädt, gelegentlich »vor Anker zu gehen« und ins kühle Nass zu springen. Ein lohnendes Ziel für Badewillige ist auch das Strandbad Lychen, dessen Anlegesteg bald in Sicht kommt, wenn man sich auf dem Großen Lychensee am linken Ufer hält. Hier gibt es neben Toiletten, einer Liegewiese, einem Beachvolleyballplatz, Tischtennisplatten, einem Sprungturm und einem Kinderspielplatz auch ein Restaurant und einen

Lychener Stadtsee

Solarboote am Steg

Imbiss. Essen und Trinken kann man vor oder nach der Fahrt allerdings auch auf der großen Seeterrasse der Bootsvermietung am Nesselpfuhl. Vermietet werden hier übrigens auch Ruderboote, Tretboote und Kanus.

Eine andere Möglichkeit, die Umgebung von Lychen zu erkunden, ist eine Fahrt mit dem Fahrgastschiff Möwe. Im Angebot sind eine zweistündige Tour über die Woblitz – das Flüsschen, das den Großen Lychensee mit dem Haussee verbindet – sowie eine jeweils 3,5-stündige Fünf-Seen- oder Havelrundfahrt, die auch mit einem zweistündigen Aufenthalt in Himmelpfort kombiniert werden können. Die Möwe, eines der wenigen Schiffe, das hier mit Motorkraft fahren darf, legt in der Regel zweimal täglich – um 10 und um 14 Uhr – ab.

Bootsvermietung am Nesselpfuhl
Berliner Straße 1a, 17279 Lychen, Tel.: 0160 / 789 14 18
www.solarboote-lychen.de
Geöffnet Mai–Okt täglich ab 10 Uhr
Preise: Solarboot 15 €/Std. bzw. 70 €/Tag | Kanus 8 €/Std. bzw. 35 €/Tag | Tretboote 6 €/Std. bzw. 25 €/Tag

Reederei Knaack & Kreyss (MS Möve)
Prenzlauer Straße 7, 17279 Lychen, Tel.: 039888 / 38 93 oder 0171 / 431 20 33
www.ms-moewe.de
Fahrten von Mai–Okt
Preise: Rundfahrten ab 12 € | erm. 6 €

Rheinsberger Seengebiet

Rheinsberg hat nicht nur ein Schloss zum Verlieben, das es zu einer literarischen Größe gebracht hat, wovon man sich vor Ort im Kurt-Tucholsky-Museum überzeugen kann. Der auch schon von Fontane gerühmte und »staatlich anerkannte« Erholungsort lädt ebenso zum Wassersport ein, zum Beispiel vom zehn Kilometer entfernt liegenden Yachthafen Marina Wolfsbruch in Rheinsberg-Kleinzerlang aus. Hier kann man nicht nur Kanus, Kajaks und Fahrräder sowie führerscheinfreie Motorboote unterschiedlicher Größe ausleihen, sondern auch im Hotel »Best Western Plus« richtig Urlaub machen und für Mensch und Boot eine Bleibe finden.

Auf einem der führerscheinfreien Motorboote – am besten emissionsfrei, geräuschlos und umweltfreundlich auf einem der beiden Solarboote für bis zu zwölf bzw. acht Personen – kann man sich am Hüttenkanal, seit 1998 auch Wolfsbrucher Kanal genannt, auf Entdeckungstour im Ruppiner Wald- und Seengebiet rund um Rheinsberg begeben. Der Name des drei Kilometer langen Hüttenkanals weist übrigens darauf hin, dass es in dieser Gegend einst zahlreiche Glashütten gab, deren Waren über den Kanal abtransportiert wurden. Im Glasmuseum in Neuglobsow am Großen Stechlinsee ist die Geschichte der Glasmacher in dieser Gegend dokumentiert.

Der seit 1881 bestehende Hüttenkanal ist eine Verbindung zwischen dem Großen Prebelowsee und dem Kleinen Pälitzsee. Fährt man zum Großen Prebelowsee, an dem sich eine große Badestelle und auch ein Campingplatz befinden, gelangt man im Süden über den Prebelowkanal in den Tietzowsee. Von da aus geht es über den Jagowkanal in den Schlabornsee, der als Natursee über einen großen Fischreichtum verfügt, und weiter über den Repenter

Marina Wolfsbruch

Bootsfahrt im Hüttenkanal

Kanal vorbei am Mehlitzsee in den Großen Rheinsberger See, der allerdings nicht an Rheinsberg grenzt. Um nach Rheinsberg zu kommen, muss man schon weiter in den Grienericksee, an dem auch das Schloss Rheinsberg liegt. Natürlich lässt sich so ein Seen-Hopping auch in andere Richtungen durchführen. Je nachdem, ob man eher ein ruhiges Fleckchen zum Verweilen sucht, die Natur im bzw. auf dem Wasser und an Land genießen oder sich auch körperlich betätigen möchte: Die meisten Seen sind durch Wasserarme und Kanäle miteinander verbunden und es gibt neben Rastplätzen und einigen Gaststätten und Hotels auch weitere Bootsverleihe. Man kann zum Beispiel am Ausgang des Hüttenkanals am Kleinen Pälitzsee bei »Boot & Mehr« im Restaurant Seeterrasse pausieren.

BEST WESTERN PLUS Marina Wolfsbruch
Wolfsbruch 3, 16831 Rheinsberg-Kleinzerlang, Tel.: 033921 / 87 bzw. 033921 / 887 11 (Hafenmeisterei)
www.marina-wolfsbruch.de
Bootsvermietung Apr–Okt u. nach Absprache, täglich 9–18 Uhr, Jul bis Aug bis 20 Uhr
Preise: Elektroboot ab 20 €/Std. | Motorboot inkl. Benzin ab 25 € | Solarboot ab 40 €

Boot & Mehr
Am Kleinen Pälitzsee, 16831 Kleinzerlang, Tel.: 0172 / 348 75 68
www-tietzowsee.com
Bootsvermietung Apr–Okt u. nach Absprache, täglich 10–18 Uhr
Preise: Motorboote ab 75 € | Ruderboot ab 6 € | 2er Kanadier ab 6 €/Std. | 2er Wanderkajak ab 7 €/Std.

Auf dem Schwielowsee

Das Dörfchen Caputh am Schwielowsee in der Nähe von Potsdam bietet Wassersportlern unzählige Möglichkeiten. Die Havel erweitert sich in diesem Gebiet an vielen Stellen seenartig und bietet eine wunderschöne Kulisse für Ausflüge auf dem Wasser. Wem Paddeln, Rudern oder Treten zu langsam ist, der wird bestimmt an einem der drei führerscheinfreien Motorboote der Wassersportschule Bothe Spaß haben. Auf den mit einem 8-PS starken Motor ausgestatteten Wasserfahrzeugen geht es raus auf den See und weiter die Havel rauf Richtung Werder oder auf den Templiner See.

Auch wenn die Boote führerscheinfrei gemietet werden können, gibt es doch ausgewiesene Stellen und Strecken, wo auch diese Motorboote nur mit Führerschein gefahren werden dürfen. Hierzu zählt unter anderem ein Großteil des Berliner Stadtgebietes. Bis zur Glienicker Brücke darf man aber auch ohne offizielle Fahrerlaubnis vordringen. Darüber, wo Sie fahren dürfen, informieren Wasserkarten und natürlich auch der Bootsverleih vor Ort.

Wer es schade findet, auf eine bestimmte PS-Zahl begrenzt zu sein und nicht uneingeschränkt überall hinfahren zu dürfen, der ist in Caputh ganz richtig. An den Bootsverleih Bothe ist nämlich auch eine Wassersportschule angegliedert, an der man nicht nur den Bootsführerschein oder einen Segelschein, sondern auch eine Funkausbildung machen kann. Den Theorieteil kann man einschließlich der Prüfung bequem online absolvieren, zum praktischen Teil geht es dann natürlich raus aufs Wasser.

Wer den Ausflug auf dem Wasser mit einem Landgang verbinden möchte, für den lohnt sich ein Besuch in Potsdam. Angefangen von Schloss Sanssouci über das Holländische Viertel in der Innenstadt bis hin zu Schloss Cecilienhof

Auch erhältlich: Flöße

Spritztour über den Schwielowsee

– um nur einen Bruchteil der Sehenswürdigkeiten zu nennen – bietet Potsdam genügend Ausflugsziele für mehrere Tage. Aber wenn man schon einmal auf einem Boot ist, dann bietet es sich natürlich an, vom Schwielowsee über den Templiner See nach Potsdam reinzufahren und die Stadtkulisse von der Havel aus zu bestaunen. Vorbei an der Freundschaftsinsel kommt auf der linken Seite, kurz bevor es in die große Havelerweiterung Tiefer See geht, das futuristisch anmutende Hans-Otto-Theater mit seiner großen Sonnenterrasse zum Wasser hin. Als Nächstes folgen auf der rechten Seite des Tiefen Sees das Schloss und der Park Babelsberg, bevor man die Glienicker Lake durchquert. Hält man sich dann nach rechts, taucht am linken Havelufer schon die sehenswerte Sacrower Heilandskirche auf. Am Ende der Glienicker Lake linkerhand ist dann jedoch Ende mit der Fahrt, denn mit der Glienicker Brücke, die Berlin und Potsdam verbindet, endet auch das Gebiet, das ohne Bootsführerschein befahren werden darf.

Bothe Wassersport
Weberstraße 82, 14548 Schwielowsee OT Caputh, Tel.: 0157 / 58 27 75 05
www.boote-caputh.de
Öffnungszeiten: Apr–Okt. Sa u. So 9.30–18 Uhr, wochentags nach Vereinbarung
Preise: je nach Motorboot und Saison zwischen 90 € und 140 €/4 Std. und zwischen 120 und 180 €/Tag

Die Stadt Werder ist nicht nur Mittelpunkt des bekannten Obstanbaugebiets, sondern liegt auch mitten im Zentrum der Potsdamer und Brandenburger Havelseen. Somit ist sie naturgemäß auch ein guter Ausgangspunkt für Ausflüge auf dem Wasser. Die Angebote der Ausflugsschifffahrt sind an anderer Stelle beschrieben (↑ S. 22–23). Wer es individueller mag, findet einen großen Bootsverleih für Kanus, Ruderboote, Tretboote und führerscheinfreie Motorboote direkt unterhalb der Brücke zur Altstadtinsel.

Auch ohne Bootsführerschein kann man sich für ein motorisiertes Fortbewegungsmittel entscheiden und damit seinen Erkundungsradius deutlich erweitern. Die Frage ist dann vor allem, ob man nach Norden in Richtung Großem Zernsee steuert oder nach Süden in Richtung Schwielowsee. Entscheidet man sich für Letzteres, bietet sich als Ziel zum Beispiel der etwa drei Kilometer südlich gelegene Ort Geltow an. Je nach Tempo braucht man mit dem führerscheinfreien Motorboot etwa 40 bis 60 Minuten bis dorthin. Kurz hinter der Baumgartenbrücke, die den Beginn des Schwielowsees markiert, kann man zum Beispiel am linken Ufer den Bootsanleger der Gaststätte Baumgartenbrück nutzen (Tel. 03327 / 552 11, www.baumgartenbrueck.de). Von dort ist es nicht weit ins Zentrum des über 1.000 Jahre alten Ortes Geltow, zu dessen Attraktionen die Handweberei »Henni Jaensch-Zeymer« gehört. Hier lassen sich nicht nur historische Handwebstühle in Aktion erleben, sondern die Besitzerin Ulla Schünemann betreibt dort zugleich einen Laden für Kleidung und Heimtextilien aus Leinen, Flachs oder Seide sowie ein Café, in dem Kuchen und selbstgemachte Limonade serviert werden. Von Geltow aus ist es übrigens nicht mehr weit nach Caputh, dem Tor zum Templiner See

Große Auswahl an Booten

Mit Guppy auf der Havel

und damit der Landeshauptstadt Potsdam. Im schmalen Caputher Gemünde herrscht meist reger Bootsverkehr – verstärkt durch die hier anlegenden Fahrgastschiffe und die beliebte Seilzugfähre (↑ S. 82–83).

Ein anderes mögliches Ziel für einen Motorbootausflug ist der Ort Glindow. Dorthin gelangt man, indem man wenige Kilometer hinter Werder (unter der B1 hindurch) rechts in den Glindower See einbiegt und dessen nordwestliches Ufer ansteuert. Einst war Glindow ein Zentrum der märkischen Ziegelindustrie, was sich in der heute noch aktiven Ziegelei-Manufaktur und dem dazugehörigen kleinen Ziegeleimuseum nachvollziehen lässt (Alpenstraße 44, Tel.: 03327 / 66 93 95, www.ziegeleimuseum-glindow.de, März–Oktober Mittwoch, Samstag, Sonntag und feiertags 10–16 Uhr).

Wassersportfachgeschäft KRÜGER & TILL
Unter den Linden 17, 14542 Werder/Havel, Tel.: 03327 / 424 24
www.wassersport-werder.de
Öffnungszeiten: Apr–Sep 9–18 Uhr
Preise: Führerscheinfreie Motorboote ab 23 €/Std. | Elektro-Solar-Boot 38 €/Std. | Floß ab 33 €/Std. | Tretboot 12 €/Std | Ruderboote & Kanus 8 €/Std. | Fahrräder 2 €/Std

Handweberei »Henni Jaensch-Zeymer«
Am Wasser 19, 14548 Schwielowsee OT Geltow, Tel. 03327 / 552 72
www.handweberei-geltow.de
Öffnungszeiten: Feb–Okt Di–So 11–17 Uhr, Café erst ab April geöffnet | Eintritt: 3 € | erm. 2 €

Rund um Woltersdorf

Das fast 7.900 Einwohner zählende Woltersdorf bei Berlin ist eigentlich nicht als Jagdgebiet berühmt geworden, eher wegen seiner Schleuse, die seit dem 16. Jahrhundert Schiffe zwischen dem Kalksee bei Rüdersdorf und dem Flakensee bei Erkner problemlos den Höhenunterschied von 2,10 Metern bewältigen lässt. Dennoch nennt sich der Bootsverleih, der neben Kanadiern, Wassertret- und Paddelbooten auch führerscheinfreie Motorboote ausleiht, »Spree-Safari«. Als kleinste Gemeinde Deutschlands besitzt Woltersdorf seit 1913 auch eine eigene Straßenbahn, mit der man vom S-Bahnhof Rahnsdorf bis zur Schleuse fahren kann. Dort findet man dann Informationen zum Bootsverleih und seinen Standort direkt am Flakensee. Das 1952 gegründete private Familienunternehmen bietet seit 2012 auch Motorboote für Fahrten ohne Führerschein an sowie verschiedene Events, wie Boots-Kletter-Safari oder Floßboot-Grill-Safari. Mit acht bzw. 15 PS kann das einstündige Familienabenteuer in einem Motorboot »Whaly« für vier oder sechs erwachsene Personen oder die Gruppenfahrt auf einem der speziell werftgefertigten Floßboote mit bis zu zwölf Erwachsenen losgehen. Im Bootsverleih erhält man nicht nur eine kurze Einweisung in die Bootsführung, sondern auch Tourenvorschläge, Karten und Informationen.

Der 67 Hektar große und bis zu acht Meter tiefe Flakensee ist im Sommer als Wassersport- und Badesee längst kein Geheimtipp mehr. Er gehört zu den Rüdersdorfer Gewässern, die ein Bestandteil der Bundeswasserstraße sind. Von hier aus hat man verschiedene Möglichkeiten, die reichhaltige Seenlandschaft zu erkunden. So gelangt man zum Beispiel vom Flakensee über das Flakenfließ in den Dämeritzsee und dann über die Müggelspree zum Gro-

Strand am Flakensee

Schleuse Woltersdorf

ßen Müggelsee, kann aber auch über den Gosener Kanal zum Seddinsee gelangen. Wer nach so viel Wassererkundung noch nicht genug hat, kann, an den Ausgangspunkt zurückgekehrt, noch an der Woltersdorfer Schleuse verweilen und dem Treiben zusehen, wenn die Straße aufgeklappt wird, damit die Schiffe in oder aus der Schleusenkammer fahren können. Oder man besteigt noch den 25 Meter hohen hölzernen Aussichtsturm auf dem Kranichsberg, der 105 Meter hohen Erhebung in Woltersdorf. Dort hat man nicht nur einen schönen Ausblick auf die wasserreiche Landschaft, sondern erfährt in einer Ausstellung auch, dass Woltersdorf zur Stummfilmzeit mal Hollywood war. Der ursprüngliche Turm von 1886, Wahrzeichen des Ortes und beliebtes Ausflugsziel, wurde 1945 von Angehörigen des Volkssturms angezündet. 1962 neu errichtet, übernahm ihn 1976 die DDR-Staatssicherheit. Seit der Woltersdorfer Verschönerungsverein 1992 den Turm übernommen hat, kann er wieder (April bis Oktober Montag bis Freitag 9.30–16 Uhr, Samstag und Sonntag 10–17 Uhr; November bis März Samstag und Sonntag 10–16 Uhr) von jedermann bestiegen werden.

Spree-Safari Bootsverleih & Outdoor Events
Strandpromenade 7, 15569 Woltersdorf
Tel.: 03362 / 50 00 16 (Verleihstation) oder 03362 / 50 00 15 (Büro)
www.spree-safari.de
Ausleihzeiten in der Saison: täglich 10–18 Uhr und nach Absprache
Preise: 8 PS/15 PS-Motorboot 1 Std. 20 €/40 € | »Floßboot« 1 Std. 70 € (jede weitere Std. die Hälfte + Benzin)

Bretter, die den Spaß bedeuten

Fun, fun, fun: Wakebording & Wasserski

Auf Brettern über das Wasser

Auch Wasserski und Wakeboard Fahren ist in Brandenburg möglich. Was man im Schlepptau eines Motorboots nur auf wenigen Gewässern darf (etwa auf Teilen des Werbellinsees), ist in einer Vielzahl von Wasserski-Anlagen inzwischen ein beliebter Breitensport. Das Führungsseil einer solchen Anlage zieht den Wassersportler mit gleichmäßiger Geschwindigkeit über einen festgelegten Parcours. Auch wer noch nie auf Brettern stand, kann die Technik auf diese Weise relativ schnell erlernen. In der Regel dürfen auch Kinder ab einem Mindestalter von zehn Jahren und einer Mindestkörpergröße von 140 cm das Vergnügen selbst ausprobieren. Außer der Fähigkeit zu schwimmen (das rettende Ufer ist meist ganz nah!), benötigt man keine besonderen Vorkenntnisse.

Für einen stressfreien Einstieg bieten alle Anlagen auch spezielle Anfänger-Kurse an. Wer sich peinliche Auftritte vor großem Publikum ersparen möchte, macht seine ersten Stehversuche allerdings am besten nicht an einem heißen Sommerwochenende, sondern lieber in der Nebensaison oder unter der Woche …

Mit einer besonders anfängerfreundlichen Bahn wirbt die Wasserski- und Wakeboard-Seilbahn in Großbeeren. Fünf Masten leiten hier das Zugseil um einen 40.000 Quadratmeter großen, künstlich angelegten See, in dessen Mitte eine langgestreckte Insel übermäßige Wellenbildung verhindert. Dafür, dass das Im-Kreis-Fahren auch Profis nicht langweilig wird, sorgen mehrere Rampen (Obstacles) im Wasser, die Sprünge und Drehungen ermöglichen. Wasserski und Schwimmweste sind hier im Preis enthalten; Neoprenanzüge und Wakeboards können zusätzlich entliehen werden. Die 2001 erbaute Anlage

Wasserskianlage Großbeeren

Profi beim Jump

verfügt auch über ein Restaurant mit Biergarten und Terrasse, von der aus bis zu 200 Schaulustige dem Spektakel auf dem Wasser zuschauen können. Zusätzlich gibt es eine Liegewiese mit Beachvolleyballfeld und einen großen Naturbadesee (Eintritt 3,50 €/2,50 €, mit Wasserski-Tageskarte umsonst).

Im Nordosten Berlins, in der Nähe von Eberswalde, liegt die Wasserskianlage Ruhlsdorf, deren 920 Meter lange Seilbahn mit Hilfe von fünf Masten die Hälfte des Ruhlesees überspannt, einen Baggersee mit klarem Wasser und feinem Sandstrand. Zur Anlage gehört ein Campingplatz mit Restaurant, Biergarten, Badestellen, Tauchbasis und einem kleinen Minigolf-Platz. Zu beachten ist, dass unabhängig von der Benutzung der Wasserskianlage ein geringes Eintrittsgeld und eine Parkgebühr erhoben werden. Auf der ande-

Wakeboard & Wasserski-Anlage Großbeeren 1a

Bahnhofstraße 49, 14979 Großbeeren, Tel.: 033701 / 908 73

www.wakeboarding-berlin.de

Öffnungszeiten: Apr–Okt Mo–Fr ab 15 Uhr (Hauptsaison ab 12 Uhr), So ab 13 Uhr, So ab 12 Uhr

Preise: 18 €/Std. (bis 16 Jahre 14 €) | 24 €/2 Std. (19 €) | Tageskarte 35 € (28 €)

Wasserski- und Wakeboardlift Ruhlesee 1b

Biesenthaler Chaussee 25, 16348 Marienwerder OT Ruhlsdorf, Tel.: 03337 / 45 16 35

www.wake-and-camp.de

Öffnungszeiten: Mitte Apr–Mitte Okt, Mo–Fr ab 14 Uhr, Sa & So ab 12 Uhr

Preise: 12 €/Std. | 22 €/2 Std. | Zusätzlich Eintritt: 2 € / erm. 1 € p. P. | Parkgebühr 3 €

ren Seite der Landstraße L294 liegt übrigens der Bernsteinsee, der mit seinen weitläufigen Sandstränden als einer der schönsten Badeseen Brandenburgs gehandelt wird.

Ein anderer Bernsteinsee befindet sich in Velten, direkt am Autobahndreieck Oranienburg, was ihm bei den Einheimischen den liebevollen Spitznamen »Autobahnsee« eingetragen hat. Am Nordufer dieses Sees findet man mit dem Wet & Wild Wakepark eine weitere, 720 Meter lange Wasserskiseilbahn. Zur Anlage gehören auch eine große, auf den See gebaute Terrasse, eine Party- bzw. Liegewiese mit Grill, eine Cocktailbar und ein Beachvolleyballfeld. Schräg gegenüber am Südufer gibt es einen schönen Badestrand mit weißem Sand, flach abfallendem Wasser und einem ausgedehnten Spielplatz. Kein Wunder, dass dieser Strand vor allem bei Eltern mit Kindern beliebt ist – auch wenn diese noch zu klein sind zum Wasserskifahren.

Am Westufer des Sees, direkt am Besucherparkplatz, erstreckt sich zudem eine große Sportanlage mit verschiedenen Feldern für Beachvolleyball, Beachsoccer, Beachhandball und Beachbasketball. Netze, Tore und Bälle kann man vor Ort ausleihen.

Weiter südlich in Brandenburg bietet der Wakepark Petersdorf eine 740 Meter lange Wasserskistrecke über den Petersdorfer See. Die Nähe zum mondänen Kurort Bad Saarow bedingt allerdings ein gehobenes Preisniveau, das sich auch im Namen des angeschlossenen Restaurants ausdrückt: Von der Terrasse des »Seeschlosses Petersdorf« aus hat man einen wunderbaren Blick auf den See. Kurioserweise ist der Betreiber von Wakepark und Restaurant zugleich der (Privat-)Besitzer des Sees! Streitigkeiten zwischen ihm und der Gemeinde ist es zu verdanken, dass das traditionsreiche Strandbad Petersdorf seit Jahren nicht nutzbar ist.

Wassersskipark Zossen

Fest in öffentlicher Hand ist dagegen der Kiessee im Zossener Ortsteil Horstfelde. Seit 2007 gibt es hier einen Wakepark mit einer 540 Meter langen Bahn. Besonderheit ist eine 150 Meter lange Übungsstrecke (ohne Kurven), auf der Anfänger mit angepasster Geschwindigkeit schnell die technischen Grundlagen des Wasserskifahrens erlernen können. Besondere Anfängerkurse werden immer Sonntagvormittags angeboten (Anmeldung notwendig). Erholung nach dem Wassersport versprechen das nette Café mit Imbiss und Seeterrasse sowie die Liegewiesen und der Sandstrand des ansonsten rege als Badesee genutzten Gewässers.

Wakepark Petersdorf 1c

Am See 18, 15526 Bad Saarow / OT Petersdorf. Tel.: 033631 / 586 90

www.wakepark-petersdorf.de

Öffnungszeiten: Mrz: nach Wetterlage, Apr: Sa & So ab 12 Uhr, Mai: Mo–Fr ab 14 Uhr, Sa & So ab 12 Uhr, Jun: Mo–Fr ab 14 Uhr, Sa & So ab 11 Uhr, Jul & Aug: täglich ab 11 Uhr, Sep: Di–Fr ab 14 Uhr, Sa & So ab 12 Uhr, Oktober: Sa & So ab 12 Uhr

Preise: 20 €/Std. (bis 16 Jahre 18 €) | 25 €/2 Std. (23 €) | Tageskarte 38 € (35 €)

Wet & Wild Wakepark 1d

Am Bernsteinsee 1, 16727 Velten, Tel.: 03303 / 40 01 45

www.wakeboard-berlin.de

Öffnungszeiten: : Apr–Okt Mo–Fr ab 15 Uhr (Hauptsaison ab 11/13 Uhr), Sa & So ab 13 Uhr

Preise: 18 €/Std. (bis 16 Jahre 14 €) | 24 €/2 Std. (19 €) | Tageskarte 34 € (27 €)

Wasserskipark Zossen 1e

Schünowerstraße 19, 15806 Zossen OT Horstfelde

Tel.: 03377 / 20 35 34

www.wasserskipark-zossen.de

Öffnungszeiten: Mai–Okt Mo–Fr ab 15 Uhr (in den Sommerferien ab 12 Uhr), Sa ab 13 Uhr, So ab 12 Uhr

Preise: 1 Std. 17 € (bis 16 Jahre 10 €) | 2 Std. 23 € (15 €) | Tageskarte 33 € (25 €) | Familientageskarte (3 Personen, ein Nachname) 60 €

Interieur der MS Marple

Für Feiern & Feste: Charterschiffe

Charterschiffe

Wer es liebt, auf dem Wasser unterwegs zu sein, für den ist eine Feier auf dem Schiff sicherlich eine schöne Aussicht. Und Gelegenheiten zum Feiern gibt es auf Charterbooten in Brandenburg (und Berlin) genügend. Gemietet werden können die schwimmenden Locations für nahezu jeden Anlass. Ob Geburtstag, Junggesellenabschied, Betriebs- oder Familienfeier, Einschulung, Silvester oder sogar eine Trauung: In diesem Kapitel stellen wir einige der Charterboote in der Region mit ihren Besonderheiten vor.

Alle Anbieter gehen auf individuelle Wünsche ein, sowohl was die Route als auch die Verpflegung an Bord betrifft, weshalb die Kosten von den eigenen Vorstellungen abhängen. Am besten einfach direkt beim Anbieter nachfragen. Wasserratten sollten sich auch schlau machen, welche der Charterboote Halt für eine kleine Abkühlung im Wasser machen, da gibt es einige – in diesem Fall sollten Sie nicht vergessen, Ihre Gäste an Badekleidung zu erinnern!

Das Salonschiff Miss Marple macht seinem Namen alle Ehre: Es stammt noch aus den dreißiger Jahre des 20. Jahrhunderts, wurde 2008 total instand gesetzt und fährt seit 2010 wieder Gäste über Spree und Havel. Der Innenraum ist zu einem großen Teil mit Mahagoniholz ausgekleidet und lädt bis zu 27 Personen dazu ein, es sich mit dem am reichhaltigen Buffet gefüllten Teller bequem zu machen – natürlich kann man bei schönem Wetter auch draußen auf dem Deck sitzen. Ganz Mutige können auch den Standesbeamten überreden, mit an Bord kommen und sie dort zu trauen. Die Miss Marple bietet Touren in ganz Berlin an, aber auch nach Potsdam und über den Schwielowsee.

MS Marple

MS Carpe Diem

Die Yacht MS Carpe Diem liegt in Potsdam und bietet in gediegen-luxuriösem Ambiente auf dem Oberdeck Platz für 15 Personen. Insgesamt passen 25 Personen auf das Schiff. Wer Lust auf eine kleine Badeunterbrechung hat, kann das gemütlich von der Badeplattform aus in Angriff nehmen. Für ein Buffet ist bei Bedarf gesorgt. Auf Wunsch ist auch ein Jetski mit von der Partie, der Wassersportbegeisterten Abwechslung bietet. Von ihrem Heimathafen aus macht sich die MS Carpe Diem auf den Weg zu Tagesausflügen durch Brandenburg. Dabei geht es unter anderem vorbei an dem Örtchen Caputh und dem Städtchen Werder, die Strecke kann individuell abgesprochen werden. Auch dieses Schiff ist ein offizieller Trauungsort des Standesamtes Mitte.

Salonschiff Miss Marple
Salonschiff Oggesen GmbH
Sundgauer Straße 35, 14169 Berlin
Tel.: 0151 / 40 04 59 45
www.salonschiff.de

MS Carpe Diem
AHOI Yachting Günther Winkler
Stubenrauchstraße 58, 12161 Berlin
Tel.: 01525 / 426 92 30
www.ahoi-yachting.eu

MS Olympia
Personenschiffahrt Rolf Fußwinkel oHG
Waldsiedlung 33
15712 Königs Wusterhausen (Kablow-Ziegelei)
Tel.: 0171 / 881 48 88
www.msolympia.de

Charterschiff Elisa von Petzow
hogab GmbH
Postfach 12 18, 14536 Werder (Havel)
Tel.: 03327 / 408 55
www.hogab.de

Während der Trauung schreibt der Gesetzgeber allerdings vor, dass das Schiff fest im Hafen verankert sein muss (in Berlin ist das im Historischen Hafen). Sobald der offizielle Teil abgeschlossen ist, legt die MS Carpe Diem ab und nimmt Kurs auf die Route, die das Paar zuvor gemeinsam mit dem Skipper festgelegt hat.

Für größere Feiern bietet sich die MS Olympia an. Bis zu 70 Personen können es sich auf dem Deck und in dem Salon mit Panoramablick nach draußen gut gehen lassen. Die Fahrten starten vom Rathausplatz in Zeuthen aus und können ganz nach den eigenen Wünschen geplant werden. Die MS Olympia umrundet an den Wochenenden als Fahrgastschiff einmal das Schmöckwitzer Werder. In eineinhalb Stunden können Sie sich bei einer öffentlichen Fahrt also ganz unverbindlich einen Eindruck von dem Schiff verschaffen und überlegen, für welches anstehende Event das wohl das richtige Umfeld wäre.

Wer es dagegen lieber behaglich mag, für den bietet sich das Charterschiff Elisa von Petzow an. Das urgemütliche kleine Schiff nimmt bis zu 19 Personen mit, auf Wunsch kümmert sich ein Cateringservice um das leibliche Wohl, das Essen darf aber auch gerne mitgebracht werden. Für 95 € pro Stunde legt der kleine Kahn ab, zwei Stunden sollte er aber auf jeden Fall unterwegs sein. In Werder geht es mit der MS Elisa von Petzow los, erkundet wird die seenreiche Havellandschaft. Das Besondere an diesem Schiff ist, dass die Gäste ausschließlich draußen sitzen. Ein Sonnendeck schützt vor der Hitze, aber ansonsten schaukelt man ganz nah am Wasser über die brandenburgischen Gewässer.

Umweltbewusst bewegt sich das Solarboot Chassalli mit den schmucken weißen Gardinen hinter den Fenstern durch Berlin und das südöstliche Brandenburg. Der Motor des mit rot-braunem Holz verkleideten Schiffes, genauso

MS Olympia

Auf der MS Onkel Helmut

wie die Elektrogeräte an Bord, werden mit Solarenergie betrieben. Von Berlin-Köpenick aus geht es mit bis zu 20 Personen los auf dem Hingucker-Boot, das einem Salonschiff aus dem Jahr 1880 nachempfunden ist und einen Ausflugsspaß der besonderen Art bietet. Nicht nur ist die Fahrt durch und durch ökologisch korrekt, auf Wunsch werden sogar spezielle Touren durch das »solare Regierungsviertel« in Berlins Mitte angeboten. Wer daran teilnehmen möchte, wendet sich am besten gleich an die Anbieter, denn hierfür ist es nicht nötig, eine Festgesellschaft zusammenzutrommeln – die Fahrten finden regelmäßig statt.

In eine ganz andere Ecke Brandenburgs bringt einen das Charterschiff Onkel Helmut. Der umgebaute, mittlerweile natürlich motorisierte Schleppkahn fährt nun schon in der dritten Familiengeneration auf der Oder. Regelmäßig ist die Onkel Helmut als Fahrgastschiff mit festen Touren unterwegs, sie kann aber auch als Charterschiff für Feierlichkeiten gemietet. Auf Wunsch werden hausgemachte Kuchen und Imbisse serviert.

Solarbootpavillon Berlin Köpenick
Müggelheimer Straße 1d,
12555 Berlin / Alt Köpenick
Tel.: 0160 / 630 99 97
www.solarwaterworld.de

Onkel Helmut
Oderfluss-Charter
Uferstraße 3, 15230 Frankfurt (Oder)
Tel.: 0171 / 260 31 47
www.onkel-helmut.de

Eine Seefahrt, die ist lustig:
Dampfer und Ausflugsfahrten

Mit Muskelkraft:
Kajak, Kanu, Ruderboot

Fährmann hol über:
Fähren und Kähne

Auf Tom Sawyers Spuren:
Flöße und Hausboote

Für Eilige:
Touren mit dem führerscheinfreien Motorboot

Fun, fun, fun:
Wakeboarding & Wasserski

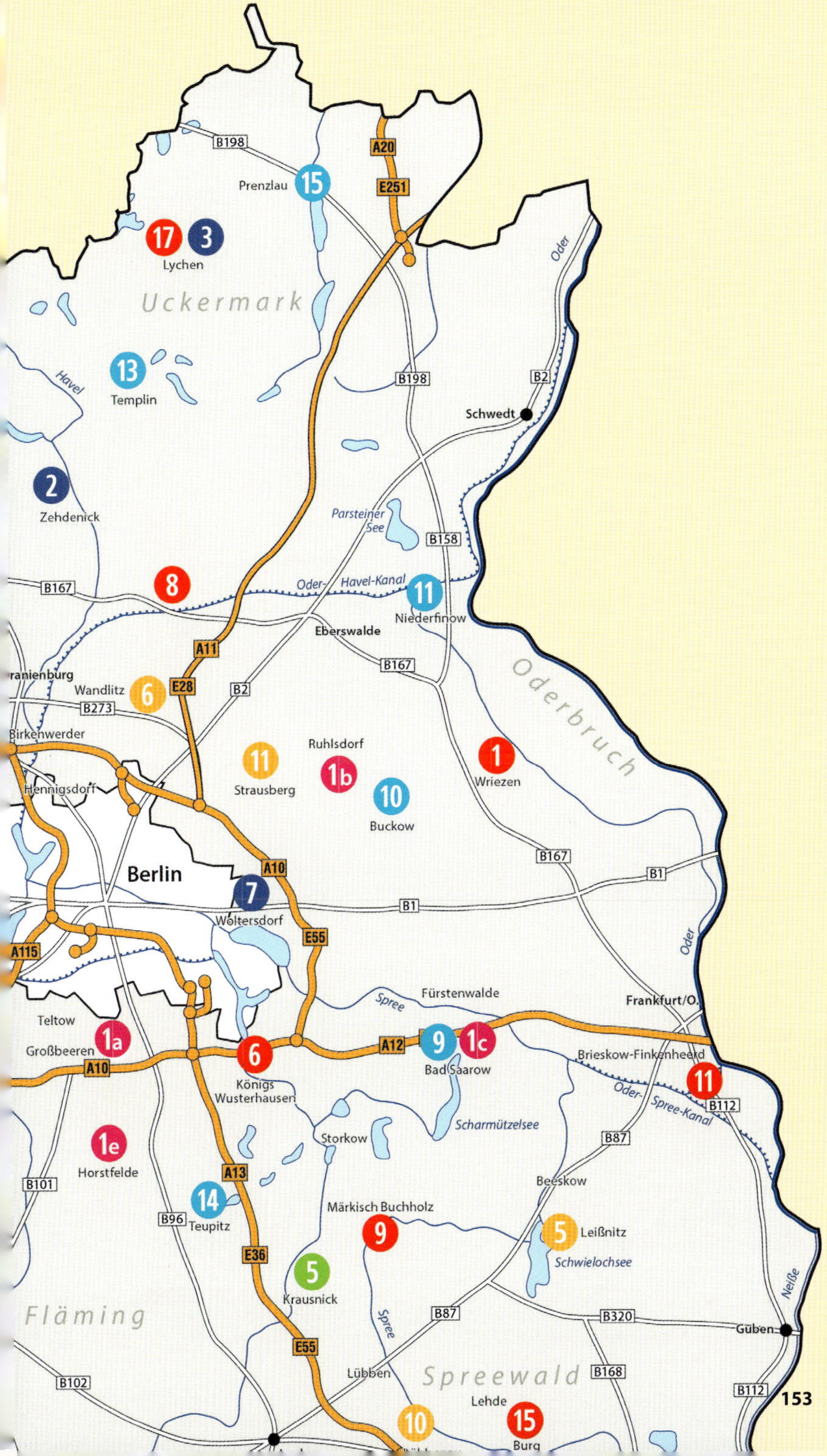
B198
A20
E251
Prenzlau
15
17
3
Lychen
Uckermark
13
Templin
Havel
Oder
B2
B198
Schwedt
2
Zehdenick
Parsteiner See
B158
B167
8
Oder-Havel-Kanal
11
Niederfinow
Eberswalde
A11
B167
ranienburg
Wandlitz
6
E28
B2
B273
Oderbruch
Birkenwerder
Ruhlsdorf
11
Strausberg
1b
10
Buckow
1
Wriezen
Hennigsdorf
Berlin
A10
B167
B1
7
Woltersdorf
B1
A115
E55
Oder
Fürstenwalde
Spree
Frankfurt/O.
Teltow
1a
Großbeeren
A10
6
A12
9
1c
Bad Saarow
Brieskow-Finkenheerd
11
Königs Wusterhausen
Oder-Spree-Kanal
B112
Scharmützelsee
Storkow
B87
1e
Horstfelde
B101
A13
Beeskow
14
B96
Teupitz
Märkisch Buchholz
9
5
Leißnitz
Schwielochsee
E36
5
Krausnick
Neiße
Fläming
Spree
B87
B320
Guben
E55
Lübben
Spreewald
B168
B102
B112
Lehde
10
15
Burg

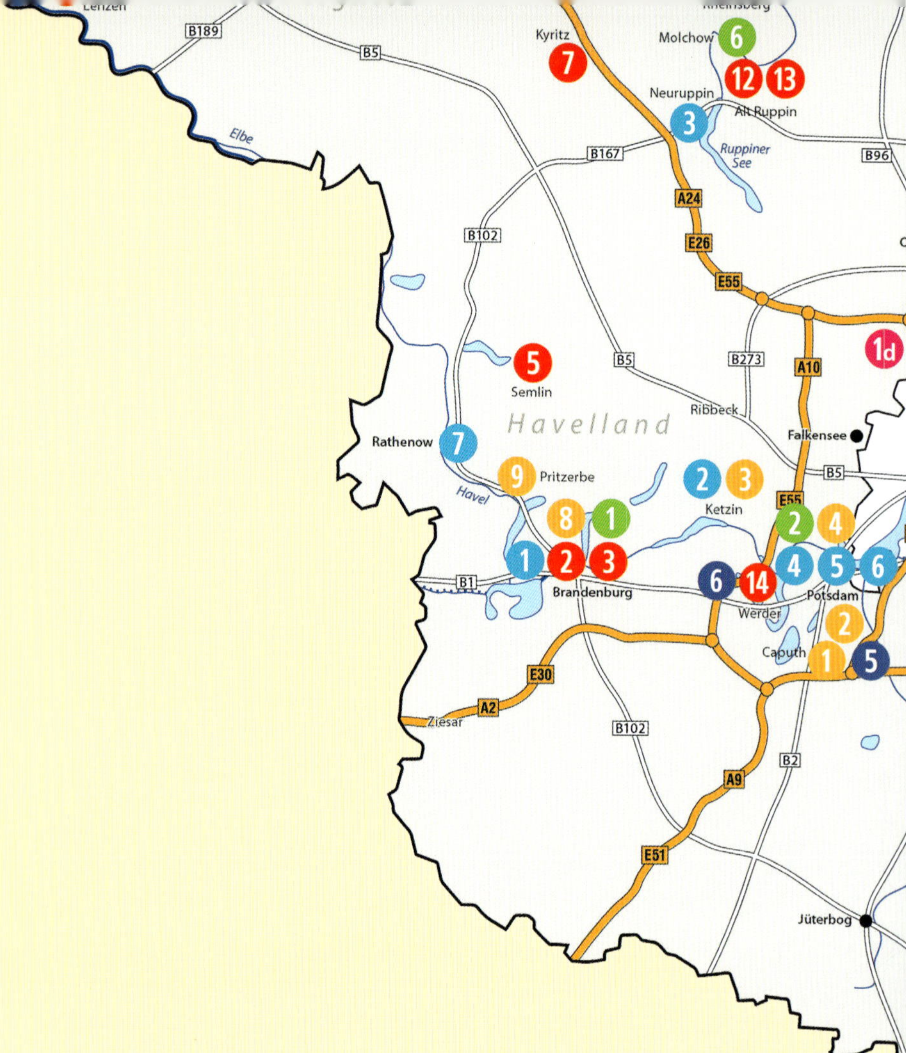

Eine Seefahrt, die ist lustig:
Dampfer und Ausflugsfahrten

Mit Muskelkraft:
Kajak, Kanu, Ruderboot

Fährmann hol über:
Fähren und Kähne

Auf Tom Sawyers Spuren:
Flöße und Hausboote

Für Eilige:
Touren mit dem führerschein-freien Motorboot

Fun, fun, fun:
Wakeboarding & Wasserski

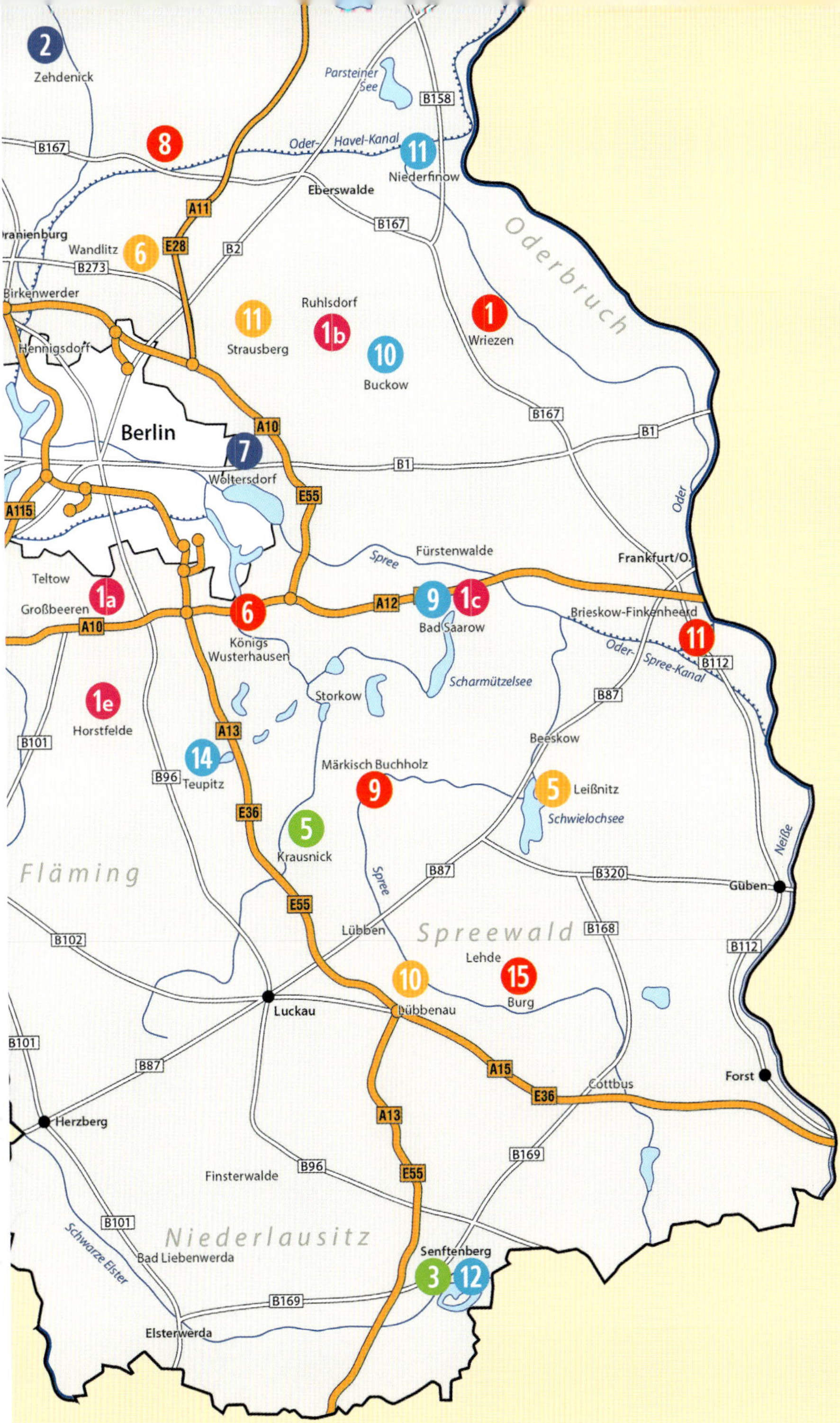
2
Zehdenick
Parsteiner See
B158
8
B167
Oder-Havel-Kanal
11
Niederfinow
Eberswalde
A11
B167
Oranienburg
Wandlitz
6
E28
B2
B273
Oderbruch
Birkenwerder
Ruhlsdorf
11
1b
1
Strausberg
10
Wriezen
Hennigsdorf
Buckow
B167
A10
B1
Berlin
7
Woltersdorf
B1
E55
A115
Oder
Fürstenwalde
Spree
Frankfurt/O.
Teltow
1a
9
1c
Großbeeren
6
A12
Brieskow-Finkenheerd
A10
Bad Saarow
11
Königs Wusterhausen
Oder-Spree-Kanal
B112
Scharmützelsee
Storkow
B87
1e
Horstfelde
A13
Beeskow
B101
14
Märkisch Buchholz
B96
Teupitz
9
5
Leißnitz
E36
Schwielochsee
5
Krausnick
Neiße
Fläming
Spree
B87
B320
Guben
E55
Lübben
Spreewald
B168
B102
B112
Lehde
10
15
Burg
Luckau
Lübbenau
B101
B87
A15
Forst
Cottbus
E36
Herzberg
A13
B169
Finsterwalde
B96
E55
B101
Schwarze Elster
Niederlausitz
Senftenberg
Bad Liebenwerda
3
12
B169
Elsterwerda

Abbildungsnachweis

AHOI Yachting Winkler: 149; Alte Reederei, Fürstenberg/Havel: 8, 126, 127, Umschlag hinten links; Antony, Doris: 59, 130; Aquare Charter, Brandenburg/Havel: 118, 119; Babelsberger (fotolia.com): 71; Best Western Plus Marina Wolfsbruch: 132, 133; Biberbaer: 96, 97; Bogenbiwak, Krausnick: 114, 115; Bootshaus am Leineweber, Burg: 75; Bothe Wassersport, Caputh: 134, 135; Budde, Daniel: 42, 43; Café & Pension Löcknitzterrasse, Lenzen: 53; Chris06: 70; Crown Blue Line GmbH, Bad Vilbel: 121; Cyron, Marcus: 138; Dahme-Schiffahrt Teupitz: 40, 41; Dfikar (fotolia.com): 54; E-W: 86; Fähre Liepnitzsee, Ützdorf: 92, 93, Umschlag hinten mitte; Fahrgastschifffahrt Herbon, Templin: 39; Fedders, Stephanie (Regionale Entwicklungsgesellschaft in Oberhavel-Nord mbH): 112, 113; Feix, Ingrid: 35, 46, 47; Floating Noise, Potdam: Umschlag vorn, 108, 109; Friedrich, Uwe: 38; Fritze, Karla: 25; Fußwinkel, Rolf: 150; Gasthaus Malge am See, Brandenburg/Havel: 50, 51; Hambsch, Mario: 36; Havelhausboot, Lehnin: 120; Hüttner, Dana: 111; Kanusport Dahmeland, Märisch Buchholz: 62, 63; Kanuverleih & Bootsverkauf am Langen Trödel: 60, 61; Klonk, Stephan: 146/147, 148; Kolodziej, Kalle (fotolia.com): 23; Königsboot, Königs Wusterhausen: 57; Korn, Julia: 10, 44/45, 80/81, 98, 99; Krakowsky, Bodo: 95; Lausitzfloß, Altdöben: 110; Lubisch, Matthias M. (fotolia.com): 33, 67; Märchenflotte, Bielefeld: 11, 122; Marina Alter Hafen, Mildenberg: 129; Nautilus Hausbootcharter, Berlin: 123; Neue Mühle, Perleberg: 76, 77; Nordlicht, Fürstenberg: 64, 65; Nordstern Reederei, Brandenburg/Havel: 15; Onkel Helmut, Frankfurt/Oder 151; Optikpark Rathenow: 26; Pension Havelfloß, Brandenburg/Havel: 48, 104/105, 106, 107; Photowahn (fotolia.com): 140/141; Pinnau, Peter (unterbrecher.de): 17; Reederei Halbeck, Rheinsberg: 28; Reederei Löwa, Werben: 37; Rhinpaddel, Alt Ruppin: 68, 69; Saal, Doris und Andreas: 131; Savin, A.: 128; Seetours, Buckow: 32; Slotta, Maik: 90, 91; Spuno (fotolia.com): 73; Stadt Caputh: 83; Stadt Ketzin/Havel: 87; Stadt Rathenow: 27; Stiller, Kay: 100, 101; Topp, Marijke: 55, 102, 103; Traub Fotodesign: 19; Treibholz, Lychen: S. 7, 78, 79; TreibGuT, Molchow: 116, 117; Verlagsarchiv: 16, 34; ViP, Potsdam: 89; Wakeboard- und Wasserskianlage Groß Beeren: 142, 143; Wasserskipark Zossen: 144; Wassersportfachgeschäft KRÜGER & TILL, Werder: 124/125, 136, 137; Wassersportzentrum Alte Feuerwache, Brandenburg/Havel: 49, Umschlag hinten rechts; Weiße Flotte, Potsdam: 12/13, 20, 21, 22, 24, 82, 85; Wikipedia: 52, 56, 72; Yoursmile: 94; Zagolla, Robert: 139; Zimmermann, Matthias: 14, 18, 29, 30, 31, 58, 66, 74, 84, 88.

Die Autoren

Ingrid Feix, geboren 1950, studierte Philosophie und Journalistik in Berlin und Leipzig. Seit 1995 ist sie freie Journalistin, Autorin und Lektorin. Im be.bra verlag erschien zuletzt von ihr »Niederfinow – Wo die Schiffe Fahrstuhl fahren«.

Marijke Topp, geboren 1980, studierte Philosophie, Neuere deutsche Literatur und Neogräzistik in Berlin. Seit 2008 arbeitet sie als Lektorin im Sachbuchbereich mit einem Schwerpunkt auf Berlin und Brandenburg.

Robert Zagolla, geboren 1973, studierte Geschichte und Kunstgeschichte in Berlin und Tübingen. Seit 2004 arbeitet er als Lektor und Autor im Sachbuchbereich. Zuletzt erschien von ihm der Ausflugsführer »Brandenburg mit Kindern«.

Matthias Zimmermann, geboren 1980, studierte Germanistik, Philosophie und Medienwissenschaften in Potsdam und im dänischen Roskilde. Im be.bra verlag erschienen von ihm bereits zahlreiche Bücher, zuletzt »Die Berliner Schnauze«.

Dank

Wie jedes Schiff braucht ein im Entstehen begriffenes Buch eine gute Mannschaft. Wir danken an dieser Stelle vor allem Susanne Zehl, die uns bei der Text- und Bildredaktion engagiert unterstützt hat. Im Maschinenraum die Stellung gehalten hat Uwe Friedrich – wo er dem Werk trotz aller Stürme und Untiefen Form und Gestalt verlieh. Nicht zuletzt danken wir allen Bildgebern und Fotografen sowie allen jenen, die uns mit wichtigen Informationen und Auskünften dabei halfen, nicht vom Kurs abzukommen.